外国につながる 子どもの 日本語教育

西川朋美
[編著]

窪津宏美　櫻井千穂　池上摩希子　齋藤ひろみ
バトラー後藤裕子　中石ゆうこ　高橋朋子
[著]

Kurosio
くろしお出版

はじめに

　外国にルーツを持ち、日本語を第二言語とする子どもたち（以下、JSL の子どもたち）が、日本の小中学校や高校で学んでいる姿は、最近では決して珍しい光景ではありません。新聞やテレビなどの報道において、「子どもの日本語教育」に関連する話題が取り上げられることも、近年、増えてきました。

　日本語教育の対象となる子どもたちの中には、来日したばかりで日本語が全く分からない子どももいれば、幼い頃から日本に住み、日常会話では流暢に日本語を話す子どももたくさんいます。ただし、流暢な会話力を持ちながらも、学校での教科学習に必要な日本語力までは十分に身についておらず、苦労をしている子どもたちがいるのも現実です。文部科学省が 1991 年から実施している「日本語指導が必要な児童生徒の受入状況等に関する調査」では、子どもたちのそのような幅広い日本語力を想定し、日本語教育の必要性を考えています。2019 年には「日本語教育の推進に関する法律」も施行されました。日本国内で学校生活を送る JSL の子どもたちへの指導や、子どもたちに関わる教員養成・研修などの拡充も同法の中には含まれています。現代社会の流れにおいて、「子どもの日本語教育」が私たちが向き合わなくてはならない教育的課題の一つであることは間違いありません。

　本書は、日本語教育を学ぶ学生や教員免許取得を目指す学生にとって、「子どもの日本語教育」について知るための初めの一歩になればと思って企画しました。また、すでに教職についている学校の教員や、地域社会で JSL の子どもたちを支える支援者にとっても、本書が日頃の指導や支援を見直すきっかけになればと考えています。

　本書は、子どもの日本語教育の中でも「言語」に関するトピックを中心に取り上げています。九つある章のうち、最初の二つの章で「子どもの日本語教育」を概観します。第 1 章では、JSL の子どもたちの姿を現役の小学校の先生が描いており、本書の内容に興味を持ってもらうための入口となる章です。第 2 章は、より俯瞰的な視点から「子どもの日本語教育」について記述します。本書の焦点は「言語」ですが、子どもたちを取り巻く社会的状況に

ついて広い視野を持っておくことも大切だと考えています。第3章以降は「言語」を中心に考えます。第3章から第5章までは「子どもの日本語教育」に関して、より実践的な内容を扱います。第3章の日本語力の評価、第4章の日本語教材、どちらも教育現場では常に必要です。そして第5章で議論されているように、JSLの子どもにとって、日本語で教科学習に参加できるようになることは最重要課題です。教科学習に必要な「言語」の力をどのように身につけるかを考えるために、第6章では学校での学びに必要な学習言語、第7章では子どもの第二言語習得、第8章では日本語という言語の特徴について扱います。そして、第9章ではJSLの子どもたちにとって日本語と同じように大切な母語・継承語の教育について取り上げます。本書は、章の順番通りに読んでも、興味を持った章から先に読んでもかまいません。各章からできるだけ他の章へのクロスレファレンスをつけるようにしていますので、興味のある章から読み始め、そこから他の章へつなげていくという読み方も可能です。また、第2章以降はキーワードを太字で示していますので、キーワードのつながりが複数の章での議論にどのように関係しているのかを考えてみてください。なお、本書において議論の対象としている「子ども」をどのように呼ぶかは、各章の著者が決めています。詳細は、本書の第2章2.3節を参照してください。

　本書を大学の授業で使用する場合、「子どもの日本語教育」に特化した授業であれば、1回の授業で一つの章をカバーしつつ、学生たちの主体的な活動なども加えて1学期間の授業を組み立てることもできます。私自身の授業での取り組み例を、本書の「おわりに」で少し紹介します。日本語教育に関する一般的な授業の場合、大人の学習者を想定とした議論が中心となっていると思います。本書を参考書として取り上げることで、日本語学習者の多様性について考えるきっかけになるでしょう。各章は、日本語教育や学校教育に関しての基礎知識がない初学者にも配慮しながら書かれていますが、各章の内容について、より理解を深めたい読者は、各章の引用文献や章末に紹介されている書籍や論文にもぜひ目を通してみてください。

　複数の言語や文化を背景に育つ子どもたちが向き合うのは、けっして「言語」に関する課題だけではありません。日本語さえ身につければ、子どもたちが抱えるすべての問題が解決するとは考えていません。ですが、「言語」

に関する課題に正面から向き合うことで開ける子どもたちの未来もたくさんあるのだという希望を持って、本書を世に出したいと思います。

　本書を企画するきっかけは、同じくろしお出版の『親と子をつなぐ継承語教育—日本・外国にルーツを持つ子ども—』（2019 年）でした。同書の編集過程で多くのことを教えてくださった近藤ブラウン妃美先生、坂本光代先生には、大変感謝をしております。特に近藤先生には、同書の編集作業に用いた資料を本書でも使用することをご快諾いただき、本書での作業が効率よく進められました。最後に、「子どもの日本語教育」に関する本を作りたいという私のアイデアを書籍という形に仕上げるまで、たくさんの率直で的確な助言をくださった、くろしお出版の坂本麻美さんにも心よりお礼を申し上げます。

西川朋美

目次

第3部
「子どもの日本語教育」で育てる言語の力

第1部
「子どもの日本語教育」の実態

第 1 章

公立小学校での
「子どもの日本語教育」を知る

窪津宏美

Q

　日本の学校に外国人の子どもや日本語指導が必要な子どもが増えてきているという話をよく聞くのですが、具体的にイメージできません。指導や支援が必要なのは、どのような子どもたちでしょうか。学校でのサポートは大変ですか。特に言語に関する問題に関連して教えてください。

A

　日本語指導が必要な子どもは、外国から来日する子どもに加え、日本で生まれたり育ったりした子どももいます。学校教育の中で行う日本語教育には難しさもありますが、同時にやりがいも感じています。この章では、これまで私が勤務した公立小学校での指導や支援の様子を紹介します。すべての学校が同じ体制を持っているわけではありませんが、地域のボランティアと連携をしたことでうまく進められた事例などを紹介していきます。

1. 公立小学校で出会った 外国にルーツを持つ子どもたち

　私は現在、公立小学校で日本語指導や生活適応支援のための「国際教室」を担当しています。地域にもよるでしょうが、「日本語の指導が必要な児童生徒」（文部科学省、2019）と呼ばれる子どもたちが少なからずいる現状を、教育に携わる方に広く知ってもらいたいと考えています（本書第2章2節も参照）。このような子ども達への教育支援はまだ整備の途中で、日本の中でも地域差があり、それぞれ試行錯誤で取り組まれているのが実態です。私が勤務する学校のある自治体は、日本語指導の対象となる児童生徒が多く、取り組み実績も多いことから、全国でも比較的に支援体制が整ってきた地域であると言えます。

　本章では、私が経験した複数の学校での児童たちの様子や、私を含む教員の葛藤、そしてチャレンジしてきた実践事例を、エピソードを交えながら紹介していくこととします。

1.1　多文化背景の家庭で育つ子ども

　小学校で出会う子どもたちには、多言語・多文化の家庭で育つ子どもがいます。日本に移住してくる以前に日本とは異なる文化圏で育った子どもや、子ども自身は日本で生まれていながらも、保護者が外国出身の子どもたちです。家庭訪問をする機会があると、その生活がいわゆる日本のご家庭とは違う雰囲気で、多文化の中で育っていることを直に感じることがあります。そこには、生活習慣、宗教、そして話す言葉の違いがあるのです。以下、具体的な子どもの例を挙げながら紹介します。

● A 児の例
　ブラジル国籍の彼は、家庭ではポルトガル語で生活していました。4歳で来日しましたが、その後はブラジル人保育園に通うなどの環境で育ったために、日本語を話す機会がありませんでした。公立の小学校に入学したことにより、朝のあいさつから帰るまでの時間、日本語の環境に適応していかなく

てはならなくなったのです。彼は入学当初から国際教室に通級し、日本語を習得することから小学校生活が始まりました。教室や身近にあるものを日本語で覚えたり、手の挙げ方や列の並び方など初めてのことを一つずつ体験したりしていきました。語彙を増やし、自分の伝えたいことを言えるようになるためには大変な努力が必要です。学級では先生や友達の話す言葉は速くて、聞き取れないこともあるでしょうが、それに意思表示をすることが求められます。

　このように、最初から学校での日常生活の中で日本語習得のステップを進めるのですが、それを通常授業での教科学習とも平行して行わなければなりません。6、7歳の子どもがこのような厳しい状況に置かれることもあることを、私たちは知るべきでしょう。A児の場合は前向きな性格もあり、日本語の習得は順調に進み、授業でも積極的に発言するようになっていきましたが、多文化背景であることの影響は他にも現れました。A児は足が速く、運動会のリレー選手に選ばれたのですが、「競わせたくない」というご家庭の方針で運動会に出られないということがありました。宗教上の理由もあったようです。また、3年生になり、社会科見学で製菓工場と公園を見学する行程がありましたが、これにも参加できないと保護者の意向がありました。公園の敷地にはお寺があるからという理由でした。ポルトガル語の分かる母語支援サポーター[1]が、社会科見学は学習の一環であることや、寺へは入場しなくても構わないということを丁寧に説明して、何とかA児は参加することになりました。多文化背景の児童には、他の児童が経験することを同じように経験できない可能性があることへの配慮も必要だと気づきました。

　多様な文化背景を持つ家庭で育つ子どもが公立学校で就学する場合、子どもや保護者が多くの戸惑いを抱えながら生活することが、A児のような例を通して経験上よく分かりました。また、教員にとっても、これまで「当たり前」だと思っていた教育活動の一つ一つを見直す必要性を感じました。この学校には母語支援サポーターがいたので、A児やその家庭と教員との間

1　保護者に対しては「通訳」、児童に対しては「母語による学習支援者（母語支援サポーター）」を市教育委員会や区役所または市の設置した国際交流ラウンジから派遣してもらう制度があります。同じ人が通訳と母語支援サポーターの両方の役割で派遣される場合もあります。2.1節も参照してください。

を取り持ち、意思疎通を図っていましたし、丁寧に情報が伝わることで保護者も日本の学校への理解を深めていきました。

子どもの背景は、家庭での生活環境や成育環境により多様です。母文化の習慣や宗教上の教えを固く守る家庭で育つ児童にとっては、当たり前でない学校文化があることを教員が理解することが必要でしょう。そして、多文化背景で育つ子どもは「外国籍」であるとは限りません。国籍や日本語の名前といった表面的なもので判断してはいけないという現実もあります（本書第2章3.3節も参照）。

● B 児の例

日本生まれで日本国籍を持ちますが、両親はともに日系のブラジルルーツでした。小学校入学式の日に、彼女は上下ピンクのスウェットで登場しました。入学式では服装が規定されているわけではありませんが、他の児童が正装している中で目立ってしまっていました。ご両親も参加していましたが、二人ともラフな普段着でした。また、B 児は式の途中に立ち上がるなど、どのように振る舞っていいのか分からない様子でしたが、これは日本語が分からなかったからでした。B 児は小学校入学まで幼稚園や保育園には通っておらず、この家庭は日本の慣習のようなものを知らなかったのです。入学式の日にはいくつかの書類を提出しなければならなかったのですが、日本語の書類だったので、記入できていませんでした。教員や通訳を交えて書類を一緒に記入するなど、入学式当日から保護者への支援が始まったのでした。

たとえ日本で生まれ育っていても、家庭での言語使用の状況や幼児教育経験の有無によって、小学校入学後にはじめて日本語で生活する子どもがいることを忘れてはいけません。そして、実際には日本語をほとんど使わない生活をしてきていても、日本国籍であるために必要な支援につながりにくい児童がいます。つまり、外国籍であっても日本国籍であっても、日本語の指導や多文化背景への配慮が必要な児童がいるのです（本書第2章2.1節も参照）。

1.2 日本生まれを含む「見えにくい支援対象者」

　日本語指導が必要な児童には、来日間もない児童だけでなく、幼い頃に来日している児童、または日本生まれである児童もいます。言語に関わる問題によって、学習につまずきや遅れが出る場合があり、それを見取って支えていくことが必要ですが、支援につなげることにも難しさがあります。なぜなら、子どもへの日本語教育の必要性を感じていない保護者もいるからです。

　最近では、保護者自身が外国にルーツを持ちながらも日本で育っているケースもあり、その中には、「自分は子どもの頃日本に来て、学校にはちゃんと通えなかった[2]。でも、この子は日本生まれだから大丈夫」と相対的に考える方がいました。日本で子育てをするこの保護者は、日本で生まれたというだけで、子どもの実態に関係なく、日本語教育の必要はないと決めつけてしまったのです。他にも「この子のお兄ちゃんやお姉ちゃんは国際教室に通っていた（つまり、日本語指導が必要だった）けれど、この子は日本が長いから必要ない」などと、実際には日本語指導が必要な児童であるのに、保護者によって国際教室への通級を拒まれるといった事例もありました。保護者の承諾がなければ国際教室での指導や支援はできないので、子どもの実態を的確に把握すること、そして、その状態を保護者と正しく共有することが大切だと考えるようになりました。

　また、日本語の日常会話などの指導は必要なくても、教科学習や生活適応などについて国際教室での支援の対象となる児童がいます（本書第5章、第6章も参照）。一見日本語でのやりとりには、ほとんど支障がないような児童でも、学年が上がるにつれて教科学習のつまずきや遅れが見られるようになり、他の児童との差が開く事例も少なくありませんでした（本書第3章3.3節、第7章2.2節も参照）。

　小学校で多文化背景の子どもの様子を詳しく知るようになればなるほど、学校は家庭に子どもの実態を適切に伝えることができているか、また多文化背景家庭の保護者は子どもの学力を正確に把握しているかという相互関係に問題があるのではと考えるようになりました。家庭とどのように問題を共有

2　不登校のような状態にあったのか、学校には通っていたが十分に勉強できなかったのか、この保護者がどちらのケースに当たるのかは分かりません。

すれば、児童へのより良い支援が可能となるのかを考えていかなければなりません。

　志水ほか（1998）は、ニューカマー[3]の子どもたちの存在が「見えにくい」存在であると位置付け、その理由として、子どもたちが日本人化していることや教師が子どもたちの異質性を「見ようとしない」ことなどを挙げています。この言葉を受けて、私は、実態では支援が必要なのに支援を受けていない児童、つまり「見えにくい支援対象者」についても言語支援を含めたアプローチが必要であると認識するようになりました。

1.3　当たり前でない日本の学校文化

　1.1 節で紹介した B 児の例では、就学後分かったことですが、就学通知が来るまでは小学校への入学時期をはっきりとは知らなかったようでした。日本人家庭にとっては慣習として「当たり前」の入学時期でも、多文化背景の家庭は認識がない場合があるのです。また、B 児は前年に行われる就学時健診も不参加でした。日本語での通知では伝わらないことがあるのだと、この事例で明らかになりました。周りの知人の存在や属するコミュニティなどがあれば別ですが、B 児の保護者（家庭）はそういったものがなかったようです。子どもが日本の保育園・幼稚園に行っていれば、知る機会があったかもしれませんが、このようにいくつかのきっかけを逃してしまうことがあるのです。

● B 児の例（続き）

　彼女の母親は当時滞日歴 7 年、父親に至っては滞日歴 15 年でしたが、日本の生活が長いというだけでは判断できない家庭の状況もあることを理解しなければなりません。入学後は学校側の積極的な働きかけにより、B 児への日本語指導や母語による支援が実現しましたし、放課後や週末も地域の日本語学習や教科補習のための支援教室に通うなどして、B 児は現在、日本の学校生活を楽しむ高校生に成長しています。B 児の母親は日本語が全く話せま

　3　ニューカマーと呼ばれる人々の来日経緯については、本書第 2 章 3.1 節を参照。

せんでしたが、学校が要請して通訳が手配されると、子どもに関わる学校行事、学校説明会や保護者会など案内があるものには積極的に参加していました。つまり、保護者の前向きな姿勢は、子どもの言語習得や生活適応への後押しにもなると分かりました。そして保護者へのサポートが大切であることを再認識しました。

　地域によっては、小学校入学前の準備段階から積極的に多文化背景の家庭へ働きかけることもあります。ある非営利団体（NPO）は、日本の学校での様子や持ち物を丁寧に伝えるガイダンスを行っていました。NPOのボランティアスタッフからは、「就学前の外国につながる子どもや親を見ていたら、『あの学校に背負うもの』と言って、『ランドセル』という言葉を知らなかったのです。入学に際して、日本の親たちと差があるなと思っていました。日ごろから社会福祉の面で、外国につながる人は情報不足によるハンディがあると感じていました」という言葉が聞かれました。子どもの入学に際してガイダンスを開催すれば、対象者が少なからずいると感じていたそうです。多文化背景家庭の保護者たちに、情報不足から生じる日本の学校に対する不信感を取り除いてもらいたいということでした。

　このように、多文化背景の子どもが抱える問題は、就学前から始まっていて、家庭での言語使用の実態や保護者が日本の学校事情についての情報を持っているかどうかにも配慮する必要があることも分かってきています（窪津、2020a）。

2. 学校内での日本語指導・支援

　このような実情に、学校現場の教員は日本語指導の難しさを感じているのも現実です。現在の日本の学校教育のシステムにおいては、「日本語」という教員免許があるわけではなく、学校教員は必ずしも言語習得について専門知識を持ちあわせているわけではありません（本書第2章4節も参照）。にもかかわらず、児童一人一人の言語背景や文化背景が違うことに加え、学年による発達段階に応じた対応が求められます。日本語を習得しながら教科学習を進める子どもに合わせて指導したり（本書第5章参照）、教材を選んだ

りすること（本書第4章参照）に不安を感じています。そこで現場では、日本語教育の専門知識がある非常勤の日本語講師から知識を得たり、または教員自身が経験と研修を積み重ねたりしながら環境を整えています。ここでは、事例とともにその一端を紹介していきます。

2.1 国際教室での取り組み

1節の冒頭で述べた通り、私の勤務する自治体では公立学校に日本語指導や生活適応支援のための教室として「国際教室」が設置されています。国際教室には教員が加配されて担当します。その他にも、非常勤ですが日本語指導の資格のある日本語講師や、母語による学習支援者（母語支援サポーター）を配置することができる施策があります。学校教員と支援者らがそれぞれの立場を活かしながら協働することが、児童への指導・支援を手厚くすると考えています。図1は、本章での説明に合わせて、国際教室に関わる支援者や学級担任との関係を簡略的に示したものです[4]。

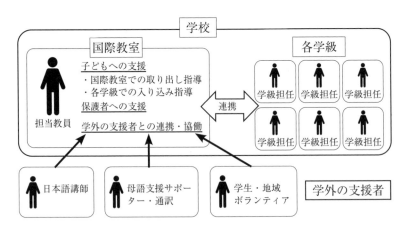

図1 「国際教室」の体制の一例

---

4 国際教室の体制は、各自治体・学校によって異なります。図1は一例にすぎません。

　学校での日本語指導は担当教員や支援者が在籍学級に入り込んで行う指導と、国際教室などへ児童を取り出して行う個別指導の形態があります（本書第2章4節参照）。入り込み指導でよく状態を見取ったうえで、1日や1週間にどれくらいの頻度で指導するかを決めていきます。その児童の状況によって、日本語中心の指導とするのか、教科補習や在籍学級で行われる授業の先行学習をするのかなどの指導計画を立てます。この指導計画は短期的なものだけでなく、来日または入学してから、長期的な視点ではどのように指導や支援をして、国際教室を卒業していくのかを考えることを大切にしています。学級担任や支援者などと、定期的に一人一人の児童の支援について話し合うための会議を持つことが理想ですが、たとえ少しでも時間が取れるのであれば、立ち話でもいいので、国際教室や在籍学級、それぞれの場面での児童の状況を共有するようにしています。ノートやメモで共有することもあります。日本語講師、母語支援サポーターなどの支援者は、それぞれ専門性を持ち合わせているだけでなく、児童の立場を理解したり、居場所を作ったりすることができる存在ともなっています。

● C児の例

　彼女はフィリピンルーツで、家庭では英語を話します。在籍学級の担任は、国際教室の担当者や母語支援サポーターと情報交換をしているうちに、自分にも彼女のためにできることがあると行動を変えていきました。C児にとって学びやすい環境は何かと考えて授業を工夫したり、国際教室への取り出しや在籍学級への入り込みの際の時間割を、国際教室の担当教員と丁寧に打ち合わせするようになったりしていきました。また、私がインタビューをしたときには「お母さんには英語で話すようになり、何かあった時には安心して来てくださいと伝えました」と話すなど、保護者との相互理解を深めようとしていったのです。学級担任自身が多文化を受容して、指導スタイルを変容させていく姿勢を見せた事例です（窪津、2020b）。

　この学校では、年度の初めに時間割をそろえたり、毎週の予定を確認し合ったりして、国際教室の担当教員と学級担任がうまく連携するようになっていきました。児童の日本語や学習の様子を共有すれば、国際教室での日本

語指導に対しての理解が学級担任からも得られやすく、子どもの学びの環境に良い影響があると考えます。

　さて国際教室での取り出し指導ですが、日本語のレベルで合わせたり、在籍学級の時間割で合わせたり（たとえば1年1組に在籍する日本語指導が必要な児童を全員取り出すなど）しています。日本語指導が必要な児童数の多い学校では、在籍学級から1コマに10人ほど取り出す場合もあり、国際教室でも一斉型の指導をすることもありました。試行錯誤しながら少しでも指導時間を確保しようとしていますが、国際教室担当のある先生は同じ日本語レベルで2～3人を取り出すのがベストだと言っていました。それ以上の人数の場合、日本語レベルが下の子どもが遠慮して質問しないなどということがあったそうです。一人の教員が同時に複数の児童を指導する複式での環境では、同じ母語を持つ子どもが他の子どもに教えるといった補足的な学び合いも生まれ、私は学習の理解が促進すると考えています。

　では、国際教室での指導期間はどれくらいなのかという目安ですが、指導の段階を分けて3ステップ制[5]とし、他の先生方と共有する試みをしたことがあります。指導対象となる児童が多い学校では、国際教室の担当教員も複数配置されることありましたが、この教員間でも意見交換しながら指導を進めました。ステップ1となる最初の3ヵ月は、ほぼ毎日取り出し、子どもの状況の把握と子ども自身の不安感を和らげるようにしています。サバイバル日本語とでも言えるでしょうか、「トイレに行きたい」とか「体調が悪い」というのを伝えられることは大切です。また、日本での給食や清掃が初めてならば、そのサポートなどもしています。次のステップ2は、その後の1年程度で日本語初期指導を継続しながら教科学習を進め、最後のステップ3は、2～3年くらいかけて在籍学級での教科に合わせて学力保証をしていくというものです（窪津、2019）。指導・支援から卒業する目安にもなりますが、個人差がありますので、3年以上指導・支援を続けていくことも十分考えられます。言語習得には長い目での支援が必要であるとも考えています。

5　文部科学省（2011）などを参考にしながら、独自にステップ制を整備しました。

● D児の例

　フィリピンにルーツを持つ彼は、国際教室で指導を受けていましたが、2年程経つと指導や支援がほとんど必要ない程に成長しました。しかし、ある日家庭の事情でフィリピンに戻ることになりました。1ヵ月程度の予定が、結局は2年程経ってから日本に戻ってきました。そうすると、また日本語指導は振り出しに戻るのです。子どもは自分の希望にかかわらず、家庭の事情で生活が左右されます。D児の例は、それが言語活動や学習に影響を及ぼしたケースでした。

　D児のように家族と生活を共にして移動する子どももいれば、反対に両親と長らく離れて育つ子どももいます。日本での生活が安定した保護者が母国に残している子どもを呼び寄せるケースで、たとえば母国での祖父母や親戚との生活や友人との別れがあってから日本で生活を始めることになるので、子どもにとっては多くの葛藤があると汲み取れます。その場合は、この後どのように生活をしていくつもりか（定住や進学の希望など）を保護者によく聞いて、それを子どもとも共有していくようにしています。また、日本語ができる保護者によっては、子どものためにと家庭でも「母語を禁止」しようとする場合がありますが、これまで育ってきた文化や言語を尊重しながら過ごすことも大切だと伝えています。親子間では母語でしっかりと想いを通じ合わせることが必要でしょう（本書第9章参照）。

2.2　日本語講師／支援機関との連携

　私の勤務する自治体では、国際教室において学校教員とは別に日本語講師が指導する体制が整いつつあります。日本語講師は児童の母語に合わせて配置され、基本的には1対1で指導が行われています。子どもの言語習得は大人の言語習得とは違うと言われますが（本書第7章参照）、専門家である日本語講師によって語彙や文法事項[6]を整理した指導が行われることで、子どもが納得して日本語の習得につながることもあるようでした。

6　日本語の音韻体系や文法構造、語彙の特徴については、本書第8章を参照してください。

また、国際教室を運営する学校教員にとっても、学校外から派遣されてくる日本語講師からは教材や指導法で多くの示唆を受けることができます（本書第4章も参照）。子どもを多角的に見て、より良い指導について意見交換をすることができるのです。児童が学ぶべき言語事項と教科学習事項を、国際教室の担当教員と学校外から派遣されてくる日本語講師が互いの専門性で補い合って指導を進めていくことが可能になります。最近は、来日直後の子どもたちへの日本語の専門指導を日本語支援施設で行う自治体もあります（次のE児の例を参照）。最初期の一定期間ではありますが、興味深い取り組みだと考えています。特に、来日したばかりの子どもにとっては、日本の学校文化に慣れ親しむ時間がやはり必要でしょう。また、その施設で出会う自分と同じような境遇の子ども同士が共感的に支え合ったり、励まし合ったりすることもあるようです。

● E児の例

　親の呼び寄せにより、彼は9歳で中国から来日しました。教育委員会が運営する日本語支援施設で、保護者には学校ガイダンスが提供されました。ガイダンス担当者によると、児童が在籍することになる学校側の意見も取り入れるなどして、日本の学校文化を具体的に提示しているそうです。ガイダンスを受けた保護者は、子どもの教育へ意識を持ち、学校行事やPTA活動へ積極的に参加するなど、「できることはしよう」と行動するようになりました。また、この施設で、子どもには4週間の日本語初期指導が行われました。E児はそこで日本語への興味を持って熱心に日本語を習得していき、集中指導が終わった後も、自分の学校でもその前向きな気持ちのまま学習に励んでいきました。

　もちろん、子どもによっては日本に慣れない、日本語がうまく習得できないという理由で挫けてしまうケースもあります。子ども自身が自分を肯定できるように、また、今後の生活を前向きに捉えられるように、この施設と連携するなど、特に最初の支援を大切にしています。

3. これからの「子どもの日本語教育」を担うみなさんへ

　私は、教員生活の中で多様な文化背景の児童に多く出会えたことをかけがえのないことだと捉えています。彼らとの出会いによって、日本語指導への興味をもち、多文化共生への理解を深めました。地域の支援者や大学の研究者の方々との出会いのきっかけともなり、自身の教育観に多くの示唆を与えてくれたと考えます。

　もちろん、初めは苦労が多くありました。目の前の児童に最適な指導をするために必要な知識がないと悩み、まずは地域の日本語指導者養成講座に通い、多くのボランティア志望者に出会えたことに勇気づけられました。文部科学省の日本語指導者養成研修では、国内の先進的な取り組み事例を聴いたり、JSL[7] カリキュラム（本書第5章参照）について学んだりする機会を得ることができました。それからは、児童の言語レベルのチェックについて、バンドスケールや DLA[8]（本書第3章参照）のような評価ツールを用いて測定していくことも大切だと分かりました。児童の母語や滞日年数などを考えあわせて、教材や指導法を選ぶようにもしています（本書第4章参照）。現在は児童自身や保護者へ日本語の評価や教科学習の状況をどう伝えていくかを課題にして、日々取り組んでいます。どれも経験だけでは十分ではなく、多くの専門的知識が助けになっています。最近は大学の学校教員養成や教員研修の場でも、日本語教育に関する専門的知識が得られる機会が増えてきているということで、教員を目指す方や学校教育現場で活躍されている方に本書の内容を共有してもらえることを心強く思っています。

引用文献

窪津宏美（2019）「国際教室の取り組み」山脇啓造・服部信雄（編）『新 多文化共生の学校づくり ―横浜市の挑戦―』明石書店、134-141.

窪津宏美（2020a）「多文化背景の子どもへの就学初期支援―地域と公立学校の協働による効果―」『学校教育学研究論集』第41号、69-82.

7　「第二言語としての日本語」を意味する Japanese as a Second Language の頭文字を取った略語。

8　Dialogic Language Assessment の頭文字を取った略語。

窪津宏美（2020b）「就学初期支援によるエンパワーメント―支援者と多文化背景家庭の意識に着目して―」『日本語教育』176号、16-32.

志水宏吉・酒井朗・小澤浩明・堂寺泉・清水睦美・池田京・管俊介（1998）「見えない外国人―ニューカマーと学校文化―」『日本教育社会学会大会発表要旨集録』50、302-307.

文部科学省（2011、改訂版2019）『外国人児童生徒受入れの手引き』文部科学省初等中等教育局国際教育課

文部科学省（2019）「「日本語指導が必要な児童生徒の受入状況等に関する調査（平成30年度）」の結果について」<https://www.mext.go.jp/content/20200110_mxt-kyousei01-1421569_00001_02.pdf>（2022年1月27日）

第2章

日本社会の中の
「子どもの日本語教育」を知る

西川朋美

Q

　日本国内における「子どもの日本語教育」について、現状を教えてください。どこの国から来た子どもが多いのでしょうか、また、どのような経緯で日本にいるのでしょうか。学校の教員に「子どもの日本語教育」の知識は必要ですか。

A

　日本国内で「子どもの日本語教育」の対象となる子どもたちは、中国やブラジルの子どもが多いです。子どもたちの来日経緯はさまざまですが、それぞれに社会的背景や歴史的背景があります。現時点では、日本の学校に「日本語」という教員免許はありません。それは、教員であれば誰もが「子どもの日本語教育」を担当する可能性があるということになりますので、基本的なことは知っておくと良いと思います。

「子どもの日本語教育」とは どのような分野か

　冒頭の「はじめに」に述べられている通り、本書では「子どもの日本語教育」に関わる事項のうち、とくに「言語」に関する事柄を扱います。「日本語」教育なのだから当然だと思うかもしれませんが、実は対象が大人であっても子どもであっても、日本語教育に携わる人間が持っておくべき知識やスキルは、言語・日本語に関することだけではありません。外国から転校してきた子どもは、日本の学校での生活習慣についても学ぶべきことがあるでしょう。国や文化、宗教などが違えば、食事などの基本的な生活習慣も異なります。また、長年日本に住んでいるうちに、自分はどこの国の人間なのかというアイデンティティの揺らぎに悩むようになる子どもを理解し、支援することも必要でしょう。「子どもの日本語教育」に携わる教員や支援者は、けっして日本語だけを教えれば良いのではなく、子どもの気持ちに寄り添い、子どもが属する学校や社会を含んだ全体的環境について考える必要があります（本書第 1 章; 菊池、2021; 齋藤ほか、2011; 日本語教育学会、2018; 2019; 2020; 文部科学省、2019 など）。

　本書では、「子どもの日本語教育」が学際的・包括的な分野であることを十分に認識したうえで、「言語」に関する事柄を取り上げます。なぜなら、日本語を**母語（第一言語）**[1]とする人にとって、日本語が使えることは当たり前過ぎて、**第二言語**として学ぶ日本語の難しさを認識していない（できない）ことが多いからです（荒川、2009 など）（本書第 8 章も参照）。自身は日本語ができるからと言って、誰もが日本語を第二言語として効果的に教えられるわけではありません。また、第二言語として日本語を学んだ経験のある留学生も、大学や日本語学校での日本語教育に慣れていると、生活の中で自然に日本語を身につける子どもについては、想像しづらい部分もあるようです。

　本書の第 1 章では、一人の小学校教員の立場から、「子どもの日本語教育」に関する筆者（窪津氏）の経験が書かれていますが、本章ではもう少し広

1　本章では「第一言語」と「母語」は同じ意味で用います。

く、日本社会全体の中の「子どもの日本語教育」について概観します。本書は「言語」に関連する問題に焦点を当てますが、社会的文脈を全く無視した状態で「言語」だけを見てしまっては、子どもたちのことを十分に理解できないと考えるからです。

2. 日本語教育の対象となる子どもたち

本節では、日本語教育の対象となる子どもたちについて、まずは 2.1 節で文部科学省による調査を紹介したうえで、2.2 節では同調査の数値には反映されないものの、本書の議論の対象となり得る子どもたちについても考えます。なお、第 1 章では小学校を具体例として取り上げていますが、本章での子どもとは未就学児から高校生までを含むものとして考えています（未就学児、中学生・高校生については、本書のコラム 1〜3 も参照）。また、外国人学校等ではなく、一般の日本の学校に通う子どもたちを念頭に置いています。

2.1 「日本語指導が必要な児童生徒」とは
どのような子どもたちなのか

日本語教育の対象となる子どもの数を把握するデータとして、文部科学省の「日本語指導が必要な児童生徒の受入状況等に関する調査」があります。これは、小学校から高校までの公立学校を対象とした調査です。この調査の対象となる子どもについて、文部科学省（2022a, p.1）では次のように説明されています。

> 本調査における「日本語指導が必要な児童生徒」とは、日本語で日常会話が十分にできない児童生徒、もしくは、日常会話ができても学年相当の**学習言語**が不足し、学習活動への参加に支障が生じている児童生徒を指す。

この文部科学省の調査は、1989 年に出入国管理及び難民認定法（以下、入国管理法）が改正され、翌年施行されたことを受けて、1991（平成 3）年

度から開始されています。初回調査では「**日本語指導が必要な児童生徒**」は約 5000 人でした。当初は外国籍の子どもの数だけが報告されていましたが、2007（平成 19）年度の調査からは日本国籍を持つ[2] 児童生徒数も別途報告されるようになり、2021（令和 3）年度分の調査結果（文部科学省、2022a）では、外国籍・日本国籍の子どもを合わせると、その数は 5 万人を超えています。この調査は、前ページの引用部分に書かれているように、日常会話ができても学習活動への参加のための日本語力が不足している子どもがいるという認識のもと、行われています。大人になってから第二言語として日本語を学んでもなかなか自然な日本語が身につきにくいのに比べると、子どもは自然な発音や流暢な会話力を身につけることが多いため、新しい言語の習得には苦労しないと考えられがちです。しかし、表面的な流暢さがどこまで本当の日本語力とつながっているかは、「子どもの日本語教育」を考えるうえでは、非常に重要なポイントです（本書第 3 章、第 6 章、第 7 章参照）。

　文部科学省の調査では、日本語指導が必要な児童生徒の母語別の内訳も報告されています（図 1）。

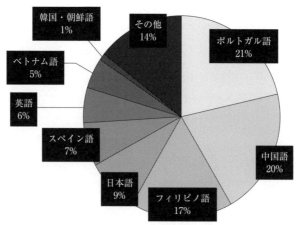

図 1　「日本語指導が必要な児童生徒（外国籍・日本国籍）」の母語別人数

2　海外からの帰国生や、両親のどちらかが日本国籍を持ち子どもも日本国籍を持つケース、家族が日本に帰化したケースなど。両親ともに日本語母語話者ではないこともあります。

　2021年度の調査結果では、外国籍・日本国籍を合わせた人数で、多い順にポルトガル語（1万2,464人、21%）、中国語（1万1,816人、20%）、フィリピノ語（9,755人、17%）、日本語（5,036人、9%）、スペイン語（4,095人、7%）、英語（3,277人、6%）、ベトナム語（2,886人、5%）、韓国・朝鮮語（645人、1%）となっています。ここでの、ポルトガル語・スペイン語は、ブラジルやペルーなど南米諸国につながる子どもがそのほとんどを占めると考えられます。

　同調査では、都道府県別の母語別在籍状況も報告されており、日本語指導が必要な外国籍の児童生徒数が最も多い愛知県（1万749人）では半数近くがポルトガル語、次に多い神奈川県（5,261人）では約3分の1が中国語を母語としているなど、地域による傾向の違いも見られます。

2.2　文部科学省の調査からだけでは見えてこないこと

　文部科学省の調査は、「日本語指導が必要な児童生徒」の数ですので、日本語指導が必要だと考えられていない子どもは、当然数に入っていません。日本語指導が必要でないのなら、本書の議論の対象ではないと考えるかもしれませんが、実は文部科学省の調査対象者の定義にある「学年相当の学習言語が不足」しているかどうかという点については、明確な基準があるわけではありません。調査上は「日本語指導が必要な児童生徒」と数えられていなくても、日本語指導が必要である子どもが存在する可能性は以前から指摘されています（バトラー、2011, p.20 など）。「学年相当の学習言語が不足」しているかどうかの見極めは、実際には容易なことではありません（本書第3章、第6章も参照）。そこで、本書では、文部科学省の調査による「日本語指導が必要な児童生徒」以外にも、「子どもの日本語教育」の専門的な視点からの支援が必要な子どもたちがいるであろうという前提で考えます。

　母語別の報告である文部科学省の調査のほかに、子どもたちのルーツとなる国の情報として参考になるのは、法務省が報告する「在留外国人数」です（図2）。

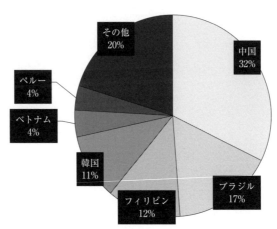

図2 「在留外国人」(6-17歳) の国籍別人数

　2021年6月の在留外国人数（法務省、2021）によると、小中高の年齢層にあたる6〜17歳[3]で約17万人です。人数が多い順に中国（5万6,044人、32%）、ブラジル（2万8,725人、17%）、フィリピン（2万1,129人、12%）、韓国（1万8,311人、11%）、ベトナム（7,418人、4%）、ペルー（6,845人、4%）となっています。

　文部科学省の報告にある「日本語指導が必要な児童生徒」は公立学校に通う子どもたちであるのに対し、法務省の調査にはそうではない子どもたち、たとえば外国人学校に通う子どもたちも含まれています。また、法務省の調査は外国籍である子どもの人数であって、それらの子どもたちの日本語力については分かりません（外国籍だけれど、日本語モノリンガルである子どももいます）。いずれにせよ母語別の文部科学省の報告と、国籍別の法務省の報告のどちらを見ても、子どもたちのルーツとしてその人数が上位にある国はほぼ一致しています。

3　18歳は高校卒業済の留学生が多数含まれると考えられるため除外しています。

「母語」について

　「あなたの母語は何語ですか」と聞かれて、すぐに答えられるでしょうか。日本で日本語のみの環境で育っている人は「日本語です」と即答できるでしょうが、複数言語環境で育つ子どもにとっては、答えに困ることも多い質問です。たとえば、最初に身につけた言語（例：中国語）と現在最も能力が高い言語（例：日本語）が一致しないことも珍しくありません。そのどちらを母語と呼ぶべきなのでしょうか（母語の定義については、本書第9章1.1節を参照）。

　国語教育と日本語教育の違いについて、「日本語を"母語とする"人に日本語を教えるのが国語教育」で「日本語を"母語としない"人に日本語を教えるのが日本語教育」だという説明がなされることがあります。大人を対象とした日本語教育ではその説明で良いのかもしれませんが、本書が対象とする子どもたちにとっては、そもそもどの言語を母語とするのかは、単純に決められるものではありません。

2.3　本書での子どもたちの呼び方

　本書が対象とする子どもたちについては、「日本語指導が必要な児童生徒」以外にもさまざまな用語が使われています。「日本語」との関わりからの名称としては、日本語を第二言語とするという意味の「Japanese as a Second Language」の略語を用いた「**JSL の子ども**」や「**日本語を母語としない子ども**」などと呼ばれることもあります。一方で「**外国人の子ども**」「**外国につながる子ども**」「**外国ルーツの子ども**」などのように「外国」とのつながりを示す名称で呼ばれることもあります。また、二言語環境で育っている子どもの場合「**バイリンガル**[4]**の子ども**」と呼ばれることもあります。さらに、文化的言語的に多様な子どもを意味する「Culturally Linguistically Diverse Children」の略語として「**CLD 児**」という呼び方もよく見られます。ほか

4　二言語ではなく三言語以上で育つ子どももいるので、本章ではできるだけ「複数言語」という表現を使うようにしていますが、ここの説明のように、子どもの呼称としては（マルチリンガルよりも）「バイリンガル」のほうが一般的だと思われる時は「バイリンガル」を使います。

にもありますが、そこに共通するのは複数の言語や文化に触れながら育つ子どもたちの姿です。日本語が第二言語であることや複数言語環境で育っていること、また外国とのつながりは、必ずしも日本語力不足と直結するわけではありませんが、少なくとも子どもたちのルーツとなる国の言語を学ぶ**継承語**教育の対象にはなると考えます（本書第9章参照）。

本書では、子どもたちを示す用語については、各章の筆者が子どもたちをどのような視点で捉えているかにも関わることだと考え、あえて本書全体での統一をしていません。本章ではおもに「JSL の子ども」を用い、文脈によっては「外国人の子ども」「外国につながる子ども」も使います。

③. 日本社会の中に位置づける 「子どもの日本語教育」

本節では、本書の議論の対象となる子どもたちが置かれた社会的状況について、「子どもの日本語教育」に関わる際に最低限知っておいてほしい要点を整理します。

3.1 子どもたちの来日背景

2節（図1、2）で紹介した文部科学省（母語別）と法務省（国籍別）の報告では、子どもたちがつながる国について、ほぼ同じ傾向が見られます。本節では、子どもたちが日本に住んでいる経緯について考えますが、当然のことながら同じ国につながる子どもたちがすべて同じ理由で来日しているわけではありません。「○○国出身ということは、△△という理由で日本にいる」というステレオタイプ的な思い込みは禁物ですが、歴史的背景も含めて、大まかな傾向を知っておくことは大切です。本節では、主にニューカマーと呼ばれる人々の来日経緯について簡単にまとめます[5]。

中国については、第二次世界大戦終結以前に日本人として中国に渡り、戦後の混乱の中で日本への帰国がかなわなかった中国帰国者（残留孤児・残留

5　子どもたちの来日経緯については、荒牧ほか編（2017）の第1章や多言語化現象研究会編（2013）の第14章に比較的コンパクトに情報がまとめられています。

婦人）の子孫がいますが、最近では、親の仕事や留学などで来日している子どもも多いと思われます。ブラジルをはじめとする南米諸国につながる子どもの多くは、日本から南米諸国へ移民した日本人の子孫である日系人です。1989年の入国管理法の改正後、日系人の日本への入国・労働の門戸が広げられ、日本に出稼ぎにやってくる人々が増えました。2008年のリーマンショック後には南米への帰国が相次ぎましたが、2021年時点でも子どもの人数は上位にあります。フィリピンについては、日本人男性とフィリピン人女性の国際結婚家庭が多い、つまり母親がフィリピン出身であることが多いようです（三浦・額賀、2021）。ベトナムは、1975年のベトナム戦争終結後、難民として日本にやってきた人々の子孫の存在が知られていますが、近年は留学や仕事のために来日する人々が増えており、その子どもたちも一定数いるでしょう。全体の比率で考えると、法務省の報告での韓国籍の子どもの人数に対して、文部科学省の「日本語指導が必要な児童生徒」には韓国語を母語とする子どもの数が少ないです。これには、祖父母以上の世代で日本に移り住んでいる場合、子どもは日本語モノリンガルとして育っているケースが多いことなどが背景にあると考えられます。近年は、韓国以外の国につながる子どもでも、日本で生まれ、日本語で育っているケースも増えてきているようです（清水ほか、2021）。

　難民として国を離れざるをえなかったようなケースは別として、大人の場合は、仕事や留学、また配偶者への同行なども含めて、来日は本人の意思であると考えられます。一方、子どもの場合は、親や親族と離れて一人だけで母国に残るという選択肢は現実的でなく、本人の意思による来日ではないのが一般的でしょう。それでも新しい環境に順応していく子どもの力はすばらしいものですが、大人の都合で国・言語・文化間の移動を余儀なくされる存在としての子どもの姿を常に忘れないでいたいものです。

3.2　「子どもの日本語教育」の歴史

　歴史というとおおげさですが、ここでは「子どもの日本語教育」が少しずつ注目され始めた1970年代（太田、2000, p.13）を起点に振り返ります。ただし、前節でも触れた中国帰国者やベトナム難民、南米への日本人移民が生

まれた経緯などを考えると、現代につながる「子どもの日本語教育」は、けっして1970年代に突然降って湧いた問題ではありません。中学・高校などの日本史や世界史の授業で学んだ事柄にも実はつながっています。たとえば、1970年代に日本と中国が国交を回復したことや、ベトナム戦争が終結したことが、その後の日本語教育の流れにつながっているのですが、その背景には1970年代以前からの世界の社会情勢があるわけです。

「子どもの日本語教育」に関連する歴史的経緯

1972年	日中国交正常化
1975年	ベトナム戦争終結
1979〜1980年	難民定住促進センター設立（姫路・大和）
1984年	中国帰国者定着促進センター設立
1989年	入国管理法改正（翌年施行）
1991年	「日本語指導が必要な外国人児童生徒」第1回調査

　ベトナム難民を含むインドシナ難民のための難民定住促進センターや中国帰国者定着促進センターなどは、1970〜80年代から子どもの日本語教育を担ってきました[6]。これらの施設では、大人だけでなく子どもも対象に、日本に住むために必要な日本語指導や生活指導を行っていました。そのような実践とともに、子ども向けの日本語教材なども作成されています（アジア福祉教育財団難民事業本部、2015）。また、同時期に文部省（当時）も中国帰国者の子どもたちに関する手引きや教材などを発行したり、研究協力校の指定を行ったりしています。
　「子どもの日本語教育」にとっての大きな転機は、1989年の**入国管理法改正**（1990年施行）とともにやってきます。この改正により日本での就労が可能となった南米日系人の来日が増え、その子どもたちが親とともに来日するようになりました。2.1節で取り上げた「日本語指導が必要な児童生徒」

6　これらのセンターはすでに閉所していますが、中国帰国者定着促進センターは2016年の閉所後も中国帰国者支援・交流センターとして、Webサイトで情報提供を行ったり、子どもの日本語教育関係者のためのメーリングリストの運営を続けたりしています。

についての調査は、この入国管理法改正の直後から始まっています。文部省は 1990 年代前半に『にほんごをまなぼう 1〜3』という子ども用日本語教材や、学校・教員向けのガイドブック（文部省、1995）などを発行しています（本書第 4 章参照）。また、日本語指導を担当する教員の加配[7]を行ったり、「外国人子女等指導協力者（母語支援者）の派遣事業」など、学校内で JSL の子どもを担当する教員や支援者に関する制度を設けたりもしました。さらに「外国人子女教育受入推進地域」を設け、子どもの日本語教育を担うセンター校の設置を行ったりするなど、制度面でのさまざまな対応をとってきました（太田、2000; 佐藤、2009 など参照）。2000 年代に入ってからも、**JSL カリキュラム**の開発（本書第 5 章参照）や、子どもの日本語教育関連の情報をまとめた Web サイト（「CLARINET」[8]、「かすたねっと」[9]）の開設・運営なども含めて、文部科学省は、継続的にさまざまな対応を行っています（河原・山本・野山編、2010; 佐久間、2011; 2015; 中島編、2010 などを参照）。また、近年は子どもの日本語教育に関する書籍や教材の出版も多く見られるようになりました（本書第 4 章参照）。

　2010 年代に入ってからの大きな出来事と言えば、学校教育法施行規則が改正され、2014 年度から日本語指導を**特別の教育課程**として小中学校の教育課程の中に正式に位置づけることができるようになったことです。さらに、2017 年告示の学習指導要領・総則（小学校・中学校・高等学校）には、日本語力が十分でない子どもたちへの配慮の必要性が盛り込まれています（たとえば小学校は、文部科学省、2017, pp.115-117）。そして、2019 年には入国管理法の改正により特定技能という新たな在留資格が作られました。建設業や介護、農漁業などの特定産業分野で外国人の就労を認めることによって、人材不足を補おうとする制度です（法務省、n.d.）。より受入幅の広い特定技能 1 号では家族帯同を認めていませんが、今後日本が外国人労働者にさらに門戸を開けば、JSL の子どもたちの数も増えていくことになるでしょう。そして、2019 年 6 月には「日本語教育の推進に関する法律」が公布・

7　平成 29（2017）年度からは、日本語指導担当は加配定員ではなく基礎定数化されています（日本語教育学会、2018, p.i）。

8　<https://www.mext.go.jp/a_menu/shotou/clarinet/main7_a2.htm>（2020 年 3 月 17 日アクセス）

9　<https://casta-net.mext.go.jp/>（2020 年 3 月 17 日アクセス）

施行されました。同法では、子どもの日本語教育を充実させるための施策の必要性もうたわれています（文化庁、n.d.）。

　さらに、近年は高校における日本語指導が必要な生徒数も増加傾向にあります（本書コラム 3 参照）。高校での特別の教育課程の導入に向けて、準備が進められていましたが（高等学校における日本語指導の在り方に関する検討会議、2021）、本章執筆最終段階の 2022 年 1 月に、高校での特別の教育課程の編成が 2023 年度から可能になるというニュースが届きました（文部科学省、2022b）。

　このように、JSL の子どもの数の増加に伴って、その受け入れ環境は 1980 年前後から少しずつ整えられてきています。とはいえ、法律が制定されればすぐに「子どもの日本語教育」の現場が抱えている課題がすべて解決するわけでもありません。今後もさまざまな対応が求められています（外国人児童生徒等の教育の充実に関する有識者会議、2020）。

3.3　「子どもの日本語教育」と法律

　子どもに日本語を教えるために法律の知識が必要なのかと思うかもしれませんが、最低限知っておいたほうが良いものがあります。まず、**国籍法**です。米国のように出生地主義を採っている国では、両親が外国籍であっても米国内で生まれた子には米国籍が与えられます。しかし、日本の国籍法は血統主義であるため、両親のどちらもが外国籍である場合、その子どもは日本で生まれても日本国籍とはなりません。外国籍だった人が帰化をして日本国籍を取るという方法もありますが、いろいろな条件があります（荒牧ほか編、2017, 第 7 章）。また、名前が日本風であるからと言って日本国籍であるとも限りません。最近は海外への修学旅行を実施する学校もあり、パスポート（国籍）の違いは、渡航ビザの必要性の有無とも関係します。さらには「将来は警察官になりたい」というような子どもの夢も、現実としては日本国籍の有無が関係します。国籍によって子どもの夢を否定することは絶対にあってはいけませんが、国籍に関するさまざまな事情は、知っておくべき現実です（本書コラム 3 も参照）。

　もう一つは、**日本国憲法**です。第二十六条には、教育の権利と義務が述べ

られています。

> 第二十六条
> すべて国民は、法律の定めるところにより、その能力に応じて、ひとし
> く教育を受ける権利を有する。
> すべて国民は、法律の定めるところにより、その保護する子女に普通教
> 育を受けさせる義務を負ふ。義務教育は、これを無償とする。

　権利も義務も「国民」、つまり日本国籍を持っている人について述べられ
ています。日本も批准している国際人権規約や子どもの権利条約といった国
際条約によって、国籍に関係なく子どもの教育は保障されていますので、外
国籍の子どもも日本の学校で学ぶことができます。しかし、文部科学省の就
学状況調査では、約2万人の外国人の子どもが**不就学**状態にあると指摘され
ており（文部科学省、2020）、外国人の子どもの就学が義務ではないという
ことと無関係ではないと考えられます（宮島、2014, pp.14-16）。

　また、外国籍の場合、何らかの在留資格（定住者、家族滞在など）で日本
に在住しているわけですが、時には親が合法的に日本に滞在する資格を持っ
ておらず、子どもも不法滞在になっていることもあります（荒牧ほか編、
2017, 第8章）。法律関係の詳細は、専門家にアドバイスを求めるべきです
が、「子どもの日本語教育」に関わるのなら、少なくとも本節に書かれた程
度のことは知っておいたほうが良いでしょう。

4. 学校での「子どもの日本語教育」

　本章ではここまで「子どもの日本語教育」について、日本社会全体の状況
を考えてきました。次は、子どもにとって家族の次に身近な社会である学校
の状況について、簡単に整理します。実情としては学校ではなく地域の支援
教室などがJSLの子どもの日本語指導や教科学習支援を担っていることも少
なくありません。本書全体の議論は、学校内外の教員や支援者どちらにも有
益ですが、本節では「子どもの日本語教育」の担い手として、公立学校を中
心に考えます。

本書の第1章で描かれている学校は、外国人の子どもの受け入れ体制が平均以上に整った学校です。学校・地域間の教育環境の差は、教育に関する事項全般にある程度見られますが、とくに「子どもの日本語教育」に関してはその差が非常に大きいです。その背景の一つとして、日本語教育が日本の学校教育制度の中にどのように位置づけられているかも関係あるのではないかと考えます。

　日本語指導が必要な子どもが在籍している学校において、学校内の誰が日本語教育を担当しているのでしょうか。まず、小中学校や高校の教員になるためには教員免許が必要です。しかし、現在の日本の学校教育制度の中に、国語や社会、理科のように「日本語」という科目はありません。つまり日本語という科目の**教員免許**はありません。一般的な（＝おもに大人の学習者を想定した）日本語教師の資格としては、大学の日本語教育専攻の卒業や日本語教育能力検定試験[10] の合格、420時間の養成講座の修了など、いくつか存在しますが、これらの日本語教師の資格がないと小中学校などでの日本語指導が担当できないわけではありません[11]。たとえ「日本語」という教員免許が存在しなくても、担当者が日本語指導を行うに当たって必要なことを学ぶ機会が十分にあれば良いのですが、大学の教員養成課程や現職教員の研修において「子どもの日本語教育」について学ぶ機会はなかなかないのが現実です（日本語教育学会、2018, 第2章）。とはいえ、本章でこれまで見てきたように、日本語教育が必要な子どもたちは日本の学校に確実に存在し、学校内で誰かが子どもたちを支援しなければいけないことは明らかです。

　日本語力がまだ十分ではないJSLの子どもが学校に在籍する場合、日本語指導の体制としては、大まかに以下のようなパターンがあります（①〜③を併用している場合もあります）。JSLの子どもを在籍学級から取り出して日本語指導などを行う教室には、さまざまな名称がつけられていますが、本節では以下「**国際教室**」と呼びます。

10　<http://www.jees.or.jp/jltct/>（2020年3月17日アクセス）
11　中国語、ポルトガル語など、子どもの母語ができれば、子どもや保護者の支援に役立つでしょうが、それらの言語ができなくても効果的に日本語指導を担当している教員や支援者もたくさんいます。学習者の母語ができることは、相手が大人であっても子どもであっても、日本語教師の必須条件ではありません。

① 学校の常勤である教員が、国際教室を担当し、日本語指導や教科学習支援、また生活面も含めて外国人の子どもの受け入れ支援を担う。本書の第1章は、国際教室が設置されている学校の例。
② 非常勤の日本語指導担当者などが、週に数時間来校して指導を行う。近くに日本語指導の拠点校がある場合、子どもが在籍校から拠点校に通う場合もある。
③ 日本語指導や外国人の子どものための支援の担当者ではないが、学校内で時間の空いている教職員やボランティアなどが対応する。
④ とくに何もしない。

　日本語という教員免許がないということは、逆に考えれば、教員になれば誰もが①のような国際教室の担当になる可能性があるということです。また、仮に自分が勤務する学校に国際教室が設置されていたとしても、子どもは一日中、国際教室で学んでいるわけではなく、国際教室での指導時間以外は、在籍学級でほかの子どもたちと一緒に授業を受けることになるのです。学校内に日本語教育の担当者がいたとしても、各学級や授業においては、一人一人の教員が JSL の子どもの担当です。
　それでも、学校に国際教室が設置されていれば、自身が担任する JSL の子どもについていろいろな相談ができることもあるでしょう。国際教室の設置について全国統一の基準があるわけではありませんが、筆者の知る中では日本語指導が必要な児童生徒が学校に 5 人以上在籍していることが条件となっていることが多かったです。ところが、文部科学省（2022a）の報告によると、日本語指導が必要な児童生徒全体の約 75% が在籍する学校では、その在籍数は 5 人未満です。つまり仮に「5 人」が基準であれば、国際教室は設置されません。
　次に、教員になった場合、JSL の子どもと関わる可能性はどのくらいあるのかを考えてみましょう。文部科学省（2022a）の報告のうち小学生の人数に注目してみると、全国の日本語指導が必要な児童は外国籍と日本国籍合わせて約 3 万 8000 人です。公立の小学校の児童数は、この調査が実施された 2021 年度に全国で約 610 万人です。つまり、日本語指導が必要な児童は全体の約 0.6 % です。しかし、2.2 節にも書いたように、実際に日本語指導が

必要な児童はもう少し多いと考えられます。仮に 2 倍の人数がいたとしたら約 1 ％、4 倍で約 2 ％ですので、1 学年 3 クラス 100 名程度の学校であれば、1 学年に 1 人か 2 人はいる計算になります。それでも、全体の中での割合はそれほど多いと感じないかもしれません。この文部科学省の調査では、都道府県別の人数も報告されており、人数では愛知県が突出しています（これに、神奈川県、東京都、静岡県、大阪府などが続きます）。各都道府県の人口の差を考慮したとしても、地域によって日本語指導が必要な児童生徒の人数にはかなり偏りがあります。そのうえ、同じ県の中でも一部の市町村に、さらには同じ市の中でも一部地域に外国人住民が集住している傾向もありますので、地域や学校によっては日本語指導が必要な児童生徒に出会う確率は格段に上がるでしょう。同調査によると、一校の日本語指導が必要な児童生徒の在籍人数が 50 人以上、100 人以上という学校も少数ながら見られ、中には全校児童の半数以上が外国につながる子どもたちだという学校もあります。

　地域によってその必要性の程度に差はあるかもしれませんが、「子どもの日本語教育」に関する知識やスキルは、多様化が進む現代の学校教育を担う教員が持っておくべきものの一つであることは間違いありません[12]。

 5.　もっと詳しく知りたい人のために

　本書の第 3 章以降では「言語」に関する事項を詳しく扱いますが、「子どもの日本語教育」全般についてさらに詳しく知りたい人には、以下のような本をお薦めします。

　河原・山本・野山編（2010）『日本語が話せないお友だちを迎えて─国際化する教育現場からの Q&A ─』は、クラス運営・生活相談編、日本語指導編、社会・制度編の 3 部構成になっており、JSL の子どもを受け入れる教員の視点からさまざまな疑問が提示され、それに回答するという形式で書かれています。たとえば制度面について、高校入試における外国人生徒特別枠などは、制度の有無や詳細が自治体ごとに異なるとしても、まずはそのような

12　もちろん、人数が少なければ問題にならないというわけではありません。外国人住民の散在地域における子どもの日本語教育については、本書コラム 4 を参照してください。

制度があることを知ることが支援の第一歩です。菊池（2021）『学級担任のための外国人児童指導ハンドブック』も同様に、子どもを受け入れる教員の立場からの疑問に回答する形式ですが、小学校を舞台に具体的な対応方法がわかりやすく書かれています。齋藤ほか（2011）『外国人児童生徒のための支援ガイドブック―子どもたちのライフコースによりそって―』は、子どもたちが成長の過程で直面するさまざまな問題をエピソードとして描き、教員の対応例も合わせて紹介しています。5人の具体的な子どもの姿が設定されており、一人一人のライフコースが描かれているため、具体的なイメージが湧きやすいです。小島編（2021）『Q&Aでわかる外国につながる子どもの就学支援―「できること」から始める実践ガイド―』は、小学校から高校まで幅広い年齢層の子どもたちへの支援について、具体的な事例や助言が豊富に紹介されています。以上の書籍がおもに学校や教室での指導に直結する課題を想定して書かれているのに対し、荒牧ほか編（2017）『外国人の子ども白書―権利・貧困・教育・文化・国籍と共生の視点から―』では、外国人の子どもに関わるさまざまな社会的課題についての情報が集約されています。

　また、関連する学会・研究会組織としては、日本語教育学会や異文化間教育学会などの学術誌や大会などにもJSLの子どもを対象とした論文や発表が見られます。子どもの日本語教育研究会、母語・継承語・バイリンガル教育（MHB）学会などは、子どもをおもな対象とした研究組織であることが特徴です。どちらも学術誌を発行しているので、研究面での参考になるでしょう。

6. 複数言語環境で育つ子どもの「言語の力」

　本章では、社会的文脈の中で「子どもの日本語教育」の概要を紹介しました。本章の最後に、なぜ本書では「言語」に焦点を当てるのかを再確認します。JSLの子どもたちが抱える困難は、日本語を身につけさえすればすべて解決するとは限りません。そのことは十分に認識したうえで、やはり「言語」は大切だと考えます。日本語力が十分でないままでは、日本の学校での学習に支障が出てしまいます。学習以外の場面でも、友達や周囲の大人に自分の気持ちを伝えたり、保健室や病院で体の不調を訴えたり、（大人になっ

てからは）お店で携帯電話などの契約をしたり、運転免許や仕事のための資格を取得したり、そのほかにもさまざまな場面において、言語力は豊かな社会生活を送るためには欠かすことのできない力です。日本で学校生活を送るうえでは、現実的にまず日本語力が重要視されるとは思いますが、複数言語環境で育つ子どもの言語力は、日本語以外の言語も含めて考える必要があります（本書第3章3.3節、第7章2.2節、第9章参照）。

　最後にもう一つ、大切だと思うことがあります。モノリンガルとバイリンガルの子どもが抱える課題に異なる部分があることは十分に認識しつつ、子どもが成長の過程で経験する壁には、言語環境に関係なく、共通する点も多いということです。特別な配慮も必要だと思いますが、一人一人を大切に見守り、育てるという点においては、JSLの子どももそうでない子どもも何も違いはありません。そして、何よりも複数の言語背景を持っていることを「やっかいな問題」としてではなく、その子どもの「強み」として育てていく可能性を考えることが重要です。本書では、そのための一つのアプローチとして、「言語」について詳しく考えていきます。

引用文献

アジア福祉教育財団難民事業本部（2015）『難民定住者の日本語学習援助のための日本語教材ガイドブック』<https://www.bunka.go.jp/seisaku/kokugo_nihongo/kyoiku/nanmin_nihongokyoiku/pdf/150610_guidebook.pdf>（2020年8月21日）

荒川洋平（2009）『日本語という外国語』講談社

荒牧重人・榎井縁・江原裕美・小島祥美・志水宏吉・南野奈津子・宮島喬・山野良一（編）（2017）『外国人の子ども白書―権利・貧困・教育・文化・国籍と共生の視点から―』明石書店

太田晴雄（2000）『ニューカマーの子どもと日本の学校』国際書院

外国人児童生徒等の教育の充実に関する有識者会議（2020）「外国人児童生徒等の教育の充実について（報告）」<https://www.mext.go.jp/content/20200528-mxt_kyousei01-000006118-01.pdf>（2020年8月21日）

河原俊昭・山本忠行・野山広（編）（2010）『日本語が話せないお友だちを迎えて―国際化する教育現場からのQ&A―』くろしお出版

菊池聡（2021）『学級担任のための外国人児童指導ハンドブック』小学館

高等学校における日本語指導の在り方に関する検討会議（2021）「高等学校における日本語指導の制度化及び充実方策について（報告）」<https://www.mext.go.jp/content/20211013-mxt_kyokoku-000018412_02.pdf>（2021年10月29日）

小島祥美（編）（2021）『Q&Aでわかる外国につながる子どもの就学支援―「できること」から始

める実践ガイド―』明石書店

齋藤ひろみ（編著）、今澤悌・内田紀子・花島健司（著）（2011）『外国人児童生徒のための支援ガイドブック―子どもたちのライフコースによりそって―』凡人社

佐久間孝正（2011）『外国人の子どもの教育問題―政府内懇談会における提言―』勁草書房

佐久間孝正（2015）『多国籍化する日本の学校―教育グローバル化の衝撃―』勁草書房

佐藤郡衛（2009）「日本における外国人教育政策の現状と課題―学校教育を中心にして―」『移民政策研究』創刊号、42-54.

清水睦美・児島明・角替弘規・額賀美紗子・三浦綾希子・坪田光平（2021）『日本社会の移民第二世代―エスニシティ間比較でとらえる「ニューカマー」の子どもたちの今―』明石書店

多言語化現象研究会（編）（2013）『多言語社会日本―その現状と課題―』三元社

中島和子（編）（2010）『マルチリンガル教育への招待―言語資源としての外国人・日本人年少者―』ひつじ書房

日本語教育学会（2018）『外国人児童生徒等教育を担う教員の養成・研修モデルプログラム開発事業―報告書―』<https://mo-mo-pro.com/report>（2020 年 8 月 21 日）

日本語教育学会（2019）『外国人児童生徒等教育を担う教員の養成・研修モデルプログラム開発事業―事例集　モデルプログラムの活用―』<https://mo-mo-pro.com/report>（2020 年 8 月 21 日）

日本語教育学会（2020）『外国人児童生徒等教育を担う教員の養成・研修のための「モデルプログラム」ガイドブック』<https://mo-mo-pro.com/report>（2020 年 8 月 21 日）

バトラー後藤裕子（2011）『学習言語とは何か―教科学習に必要な言語能力―』三省堂

文化庁（n.d.）「日本語教育の推進に関する法律について」<https://www.bunka.go.jp/seisaku/bunka_gyosei/shokan_horei/other/suishin_houritsu/index.html>（2020 年 8 月 21 日）

法務省（2021）「在留外国人統計（2021 年 6 月末）」<https://www.moj.go.jp/isa/policies/statistics/toukei_ichiran_touroku.html>（2022 年 4 月 20 日）

法務省（n.d.）「新たな外国人材の受入れ及び共生社会実現に向けた取組（在留資格「特定技能」の創設等）」<http://www.moj.go.jp/nyuukokukanri/kouhou/nyuukokukanri01_00127.html>（2020 年 8 月 21 日）

三浦綾希子・額賀美紗子（2021）「疎外感の形成と克服の方途―フィリピン系の学校経験―」清水睦美・児島明・角替弘規・額賀美紗子・三浦綾希子・坪田光平『日本社会の移民第二世代―エスニシティ間比較でとらえる「ニューカマー」の子どもたちの今―』第 12 章、明石書店、347-372.

宮島喬（2014）『外国人の子どもの教育―就学の現状と教育を受ける権利―』東京大学出版会

文部科学省（2017）「小学校学習指導要領（平成 29 年告示）解説―総則編―」<https://www.mext.go.jp/component/a_menu/education/micro_detail/__icsFiles/afieldfile/2019/03/18/1387017_001.pdf>（2020 年 8 月 21 日）

文部科学省（2019）『外国人児童生徒受入れの手引き―改訂版―』<https://www.mext.go.jp/a_menu/shotou/clarinet/002/1304668.htm>（2020 年 8 月 21 日）

文部科学省（2020）「外国人の子供の就学状況等調査結果について」<https://www.mext.go.jp/

content/20200326-mxt_kyousei01-000006114_02.pdf>（2020 年 8 月 21 日）

文部科学省（2022a）「「日本語指導が必要な児童生徒の受入状況等に関する調査（令和 3 年度）」の
　　結果（速報）について」<https://www.mext.go.jp/content/20220324-mxt_kyokoku-000021406
　　_02.pdf>（2022 年 4 月 20 日）

文部科学省（2022b）「高等学校等における日本語指導の制度化（案）について」<https://www.
　　mext.go.jp/content/20220124-mxt_kyoiku02-000019798_3.pdf>（2022 年 1 月 28 日）

文部省（1995）『ようこそ日本の学校へ—日本語指導が必要な外国人児童生徒の指導資料—』ぎょ
　　うせい

就学前の子どもたちに必要な支援

松本一子

　言語的・文化的に多様な背景を持つ子どもたちが増加する中で、外国にルーツを持つ日本生まれの子どもたちも増え、就学前の課題が注目されるようになりました。外国人の集住地域では、2000年代初めに、小学校で不適応になってから支援を始めるのではなく、就学前にできることをやっておこうと、保育園・幼稚園に通っていない未就園児を対象にボランティアが活動を始めたところもありました。

　愛知県では、1990年以降、就労目的で多くの南米出身の日系人が家族を伴って来日したため、2006年に地域振興部国際課に多文化共生推進室を設置し、子どもの日本語学習支援を含め、さまざまな取り組みを実施してきました。その中の一つが、2006年から全国に先駆けて実施された「公立学校早期適応プログラム（プレスクール）事業」（以下、プレスクール事業）です。

　文部科学省の「日本語指導が必要な児童生徒等の受入れ状況に関する調査」でも、2006年から「「日本語指導が必要な児童生徒」とは、「日本語で日常会話が十分にできない児童生徒」及び「日常会話ができても、学年相当の学習言語が不足し、学習活動への参加に支障が生じており、日本語指導が必要な児童生徒」」と定義されるようになりました。これは、①就学前から日本にいて、日常会話は問題ないのに、授業についていけない、②中学生になったら、小学校3〜4年生で来日した生徒に比べて、日本生まれ・日本育ちの生徒の方が伸び悩んでいる、③流暢に日本語を話しているのにテストの点が取れない、などの現象を踏まえたものでした。

　愛知県のプレスクール事業では、3年間のモデル事業の実践で得られたノウハウや教材などをもとにして、2009年に新たにプレスクールを企画・運営・

指導する際に活用できる『プレスクール実施マニュアル』¹を作成しました。

　保護者の育った国の教育制度や学校文化はさまざまであり、異国である日本での子育てには情報不足や思い込みから、誤解や戸惑いがつきものです。プレスクールは、小学校入学予定の子どもが入学までに準備しておくべきこと、保護者が知っておくべきこと、すべきことを提供する場となります。具体的には、あいさつ、名前の読み書き、物の名前、数え方、学校生活に必要な持ち物、集団行動、絵本の読み聞かせ、語彙調査、母語の大切さ、保護者への情報提供（時間割、集団登校、学校生活、掃除等）などがあります。2020年度は18市町で実施していますが、自治体ごとに実施主体、回数（10〜20回が多い）などさまざまで、地域ごとに工夫が見られます。

　しかし、プレスクールは入学直前の限られた期間の支援であるため、日本生まれの子どもたちを視野に入れた長期間の支援が求められました。乳幼児期・学齢期のことばの問題として、①日本語でも母語でも、語彙が少ない（親が長時間労働のため、長時間保育の子どもに多く見られる）、②親が母語よりも日本語を重視して、子どもに片言の日本語で話しかけている、③親が母語で子どもに話しても、日本語で返事をしてくる、④子どもが話している日本語が難しくて、親が理解できない、⑤コミュニケーションがうまくできなくて親子の会話が少なく、進路の相談は通訳の助けがいる、などがありました。

　そこで愛知県では、2016年に「外国人の乳幼児期の言語習得における大切なポイント」を作成・周知する事業を始め、①「親が自信を持って話せる言語」で話しかける、②積極的に子どもと関わり合って、子どものことばを増やしながら親子のきずなを深める、③外国人コミュニティの集まりを活用するなど、子どもに母語を使う機会を与える、④親自身が自分たちの文化やルーツに誇りを持つ、などの留意点を保護者だけでなく、乳幼児健診等でかかわる保健師、保育・幼児教育関係者にも知らせることにしました。

　また、2018年からは地域の外国人親子と日本人親子が交流し、相互理解を促進する場として「多文化子育てサロン」を開設し、ことばや制度の異なる国での子育て支援が日常的にできることを目指しています。

1　<https://www.pref.aichi.jp/soshiki/tabunka/0000028953.html>（2021年11月3日アクセス）

さらに、2019年には「日本語教育の推進に関する法律」が施行され、「幼児期及び学齢期にある外国人等の家庭における教育等において使用される言語の重要性」も配慮されることになりました。

松本一子（まつもと・かずこ）
名古屋柳城女子大学准教授、NPO法人子どもの国理事。名古屋大学大学院、修士（学術）。『外国人児童・生徒と共に学ぶ学校づくり』（編著、ナカニシヤ出版、1997）、『在日外国人の教育保障—愛知のブラジル人を中心に—』（編著、大学教育出版、2002）、『Q&Aでわかる外国につながる子どもの就学支援—「できること」から始める実践ガイド—』（共著、明石書店、2021）など。

第 2 部
「子どもの日本語教育」の実践

第 3 章

子どもの日本語力を評価する

櫻井千穂

Q　子どもがどのくらい日本語ができるのかを調べたいのですが、どのようなテストや評価法がありますか。話す力と書く力など、別々のテストがあるのでしょうか。それらのテストで何点以下だと「日本語指導が必要」だということになりますか。

A　本章で説明するように、子どもの日本語の力を把握するための評価法はさまざまで、話す力、書く力など別々に測る方法もあります。しかし、どの評価法を使う場合でも大事なのは、子どもが持っている「知識」を点数化・序列化するのではなく、日本語を使って何ができるかという子どもの実態を、多角的かつ包括的に捉えようとする視点を持つことです。さらに、日本語の力だけでなく、母語の力、思考力、態度・関心、生活の実態などを合わせて考えることが、指導・支援の方法を考えるうえで重要となります。

文化的言語的に多様な子ども（CLD児）の実態把握の方法

　複数の言語や文化に触れながら育つ子どもの呼び方はさまざまありますが（本書第2章2.3節参照）、本章では、Cummins（2009）で使用されている**「文化的言語的に多様な子ども（Culturally Linguistically Diverse Children,[CLD児]）」**を用います。この呼び方には、対象となる子どもたちを日本語ができない日本語学習者としてではなく、複数の言語と文化を背景に持つ豊かな子どもたちとして見ようというプラスのイメージが込められています。「言語能力の評価」を扱う本章では、子どもたちに対してどのようなまなざしを向けるかということが重要になるため、このCLD児という用語を用います。

　CLD児の言語の習得とアイデンティティの形成を含む全人的発達は、複数の要因に支えられてなされます。たとえば、家族や家庭の中での生育環境・家庭環境要因、学校の中での学習環境要因、子どもが属する国や社会が内包している社会文化的要因、さらには、その子ども自身の特性を示す個人要因などです。ですから、CLD児の教育に携わる際には、多様な角度から子どもの実態を把握するように努める必要があります。

　次の項目は、文部科学省（2019）『外国人児童生徒受入れの手引［改訂版］』に記載されているCLD児の日本語指導・支援を始めるうえで把握すべきであるとされる情報です。

1. 来日年齢と滞日期間
2. 背景の言語文化（特に、漢字圏かどうかなど）
3. 発達段階（年齢）
4. 来日前の教科学習経験（国・地域によって学校のカリキュラムは異なる）
5. 基礎的学力（既習の教科内容についてどの程度理解力、知識があるのか）

6. 日本語の力（「外国人児童生徒のための JSL[1] 対話型アセスメント DLA[2]」等による測定）

7. 在籍している学級での学習参加の状況（一斉指導における理解の度合い、参加の様子は、取り出して 1 対 1 で指導している状況とは異なる）

8. 家庭の学習環境（家庭内の言語使用状況、保護者の言語能力、教科学習へのサポートの可能性）

（文部科学省、2019, p.25）

　実際に日本語の指導・支援に入る際には、これらの情報を総合的に勘案して、方針を立てる必要があります。本章では、ここで挙げられている項目のうち、とくに「6. 日本語の力」の実態把握・評価の方法について取り上げます。文部科学省は日本語の力の測定ツールとして、2014 年に「**外国人児童生徒のための JSL 対話型アセスメント DLA**」（以下、**DLA** とする）を開発しましたが、それまでにも、自治体が独自で日本語の力を測るテストを作成したり、研究者たちによっていくつかの評価法が考案されたりしてきました。まず、これらのテストや評価法の特徴に触れたうえで、DLA の概要や活用実践例を紹介し、CLD 児の言語能力をどのように捉えるべきかを考えたいと思います。

2. 日本語の力を測るテスト・評価法

2.1 各教育委員会や学校によって作成された独自のテスト

　ひとくちに日本語の力の評価と言っても、さまざまな方法があります。学校教育現場で多くの CLD 児を受け入れるようになって 30 年以上になりますが、国によって DLA が開発されるまでの間にも、必死で日本語を学ぶ多くの CLD 児を前に、日本語の指導・支援に携わる担当教師や支援者、各教

---

1 「第二言語としての日本語」を意味する Japanese as a Second Language の頭文字を取った略語。

2 Dialogic Language Assessment の頭文字を取った略語（詳細は 3.1 節参照）。

育委員会の努力によって日本語のテストが作成されてきました。ただ、これらのテストの多くは、日常生活に必要な基礎語彙の力を測る絵カードテストや、ひらがな・カタカナ・漢字の読み・書きテスト、成人の日本語能力を測定する「日本語能力試験JLPT」[3]（日本国際教育協会・国際交流基金主催）を参考にした筆記式の文法や語彙、読解テストなどで、日本語習得のごく初期の子どもの「日本語の知識」のみを測ったり、「書くこと」によって測ったりする形式のものがほとんどでした。たとえば、文法の穴埋め式の変換テストであれば、以下のような問題です。

　　　わたしは、毎朝7時に起きます。
　　→今朝、わたしは6時40分に（　　　　　　　　）。
　　　※正解は「起きました」、または「おきました」

　このようなテストのメリットとしては、比較的短い時間で一斉に実施が可能であり、評価者側の評価スキルも必要とされない点が挙げられます。教師が日本語の授業で教えた知識を覚えたかどうかといったことを測ることはできるかもしれません。しかし、このようなテストは、そもそも、子どもが日本語の文字が読めなければ実施できません。また、この問題を例に考えると、仮に解答が空欄だった場合に、文字を読んでも文の意味全体が理解できなかったのか、「起きる」の過去形を知らなかったのか、「起きる」の過去形が問われているということが分からなかったのか、読んで書くというテストに対してやる気が起きなかったのか判断することができません。さらに、この問題に答えられなかったからと言って、日常会話の中でも、「今朝、何時に起きた？」という質問に答えられないかというとそうとも限りません。このように、これらのテストでは、測りたい力を測れているかといった評価の妥当性の問題に加え、子どもが課題に取り組む過程、つまり頭の中で何を考えているのかが全く見えないため、つまずきの原因も、どのような支援が効果的かも分からないということが生じてしまうのです。

3　<https://www.jlpt.jp/about/index.html>（2021年11月1日アクセス）

2.2 研究機関や研究者によって開発されたテスト・評価法

　研究機関や研究者によって開発されてきたテストや評価法も複数あります。ここでは、代表的なものとして、伊東ほか（1999; 2000）の日本語の四技能の基礎力を測定するテスト、岡崎（2002）の TOAM（Test of Acquisition and Maintenance）、川上（2003; 2009; 2020a; 2020b）の JSL バンドスケール、そして DLA のもととなったカナダ日本語教育振興会（2000）の OBC（Oral Proficiency Assessment for Bilingual Children）および中島・櫻井（2012）の対話型読書力評価について概要を説明します。

　日本語の**四技能テスト**（伊東ほか、1999; 2000）は、外国人児童生徒の「教科の学習をする上で必要とされる口頭表現力、読解力、文章表現力の基礎力」を測定するために開発されました。聞く・話す力を測るインタビュー形式（20 分）の「口頭表現力テスト」、読む力を測る選択・穴埋め形式（20分）の「読解力テスト」、書く力を測る作文形式（30 分）の「文章表現テスト」の三つで構成されています。四技能の力を多角的に捉えようとする点は参考にできますし、日本語母語話者の子どもの読み書きの力を測る「全国標準教研式読書力診断検査」（福沢・平山、2009）などと比較すると、語彙や文型、文化差など、非母語話者のためのさまざまな配慮がなされています。ただ、このテストで測定できる力が、はたして本当に教科の学習をするうえで必要とされる基礎力なのか、また、子どもの年齢に伴う認知発達をどのように捉えるのかといったことの説明は十分になされていません。

　TOAM（Test of Acquisition and Maintenance）（岡崎、2002）は、CLD児の日本語の力だけではなく、母語の力も捉える目的で開発されたという点に特徴があります。聴解、読解といった受容面の言語能力を測るテストと、口頭語彙テストからなります。聴解・読解テストは、録音テープと筆記によるテストで、認知要求度の高い問題と絵による場面設定のある問題で構成されているとのことですが、これらの問題は非公開とされています。TOAMの口頭語彙テストは、国立国語研究所の「児童生徒に対する日本語教育カリキュラムに関する国際的研究」プロジェクト（1995～1999 年）で使用するために開発されました。子どもが生活場面で使用する基礎語彙 55 問の絵カードを 1 枚ずつ見て、口頭で答える語彙テストで、二言語での評価が可能

です。Nishihara et al.（1999）、中島・ヌナス（2001）をはじめ、さまざまな調査を通して、会話力との相関や子どもの日常生活の言語使用実態を把握するためのテストとしての妥当性も検証されています。DLA の〈はじめの一歩〉の「語彙力チェック」（3.5.1 節参照）は、TOAM の口頭語彙テストに一部変更が加えられ、作成されました。

JSL バンドスケール（川上、2003; 2020a; 2020b）は、オーストラリアのクイーンズランド州の ESL[4] バンドスケールをもとに開発されたものです。教師が CLD 児の日本語の発達段階を把握する、つまり「見立て」を行うための「説明文」が四技能ごとに示されています。年齢に伴う発達段階に応じて、小学校低学年（1〜2 年生）、小学校中高学年（3〜6 年生）、中学・高校（中学 1 年生から高校 3 年生）の三つのグループに分けられており、なおかつ、その見立て（レベル）は、小学校は 7 段階、中学・高校は 8 段階に設定されています。それぞれの見立て（レベル）の説明文には、日本語習得上の特徴、言語と認知発達上の特徴が複数記述されています。普段から接している教師や支援者、または保護者などが、CLD 児の日常の学習、遊びの様子や周囲とのやりとりをよく観察し、そこで見られる動的な言語使用の実態をJSL バンドスケールに示された説明文に照らし合わせて検討し、レベルを見立てる点に特徴があります。川上（2009, p.171）は、CLD 児の言語能力が「常に変化しているものであること（動態性）、場面や状況に応じて生起する能力が決して同じでないこと（非均質性）、言語が使用される目的や相手との関係性によって異なっていくもの（相互作用性）」であることを指摘し、その言語能力を把握するためには「学習者がその言語を使用する場面や様子、あるいはその言語を使って行う他者とのやりとりをまるごと捉えることが必要となる」として、JSL バンドスケールの有用性を説いています。JSLバンドスケールの説明文が CLD 児の言語や認知の発達を示すベンチマークとして機能するかどうかについては、その説明文の作成過程と妥当性検証に関わる調査が公開されていないため議論の余地は残りますが、この川上（2009）の指摘は、CLD 児の言語能力の評価を考えるうえで非常に重要です。複数言語環境に育つ子どもたちは多様です。そのため、教師によるテス

4　「第二言語としての英語」を意味する English as a Second Language の頭文字を取った略語。

ト・評価に加え、教室活動の様子を観察したり、成果物を活用したりするといった代替評価を活用しつつ、CLD児自身による評価、CLD児同士のピア・グループ評価、学校での学習内容を保護者と共有して行うファミリー評価、それらを必要に応じて多角的に組み合わせた統合的クラス評価を実施することの重要性が指摘されています（García et al., 2017）。JSLバンドスケールなどを用いた観察は、この代替評価の一つに位置づけられるでしょう。

　DLAの基盤となった、**バイリンガルの子どものための口頭能力アセスメント**（Oral Proficiency Assessment for Bilingual Children [**OBC**]）（カナダ日本語教育振興会、2000）は、**全米外国語教育協会**（The American Council on the Teaching of Foreign Languages [**ACTFL**]）のOPI（Oral Proficiency Interview）をもとに年少者用に開発された評価法です。バイリンガル教育理論に依拠し（中島・桶谷・鈴木、1994）、日本語と母語の口頭能力を、「基礎言語面」「対話面」「認知面」の三つの側面から捉えようとする診断的アセスメントです。絵カードを用いたタスクを提示しつつ、10〜20分の1対1の個人面接形式で実施します。「子どものことばは、まず会話力が発達し、それを土台にして読解力、そしてそれらを踏まえてメタ言語認知力が発達する」（カナダ日本語教育振興会、2000, p.9）ことから、子どもの言語能力の基礎を測定するツールとしてOBCが開発されました。OBCは、中島・ヌナス（2001）、中島（2005）をはじめとするCLD児の二言語口頭能力の調査に広く活用され、口頭能力の発達の実態解明の一翼を担っています。そしてDLAは、バイリンガル教育理論をOBCに依拠し、〈はじめの一歩〉と〈話す〉の実施・評価手順や絵カードタスクも概ねOBCを踏襲しています（3.5.1節参照）。

　対話型読書力評価（中島・櫻井、2012）は、イギリスやアメリカ、カナダなどで子どもの読書力の育成に効果的だとされている多読プログラムで用いられるいくつかのアセスメントを参考に開発されました。1対1の対話形式で子どものレベルにあった1冊のテキストを一緒に読み切り、内容についての口頭再生課題や話し合う過程を通して、子どもの読書力を測るものです。レベル別に11冊のテキストが選定され、櫻井（2018）、真嶋編（2019）をはじめ、さまざまな調査で子どもの読書力の実態把握に使用され、妥当性が検証されています。DLA「読む」では、レベル別テキストは新たに選定され

ましたが、実施・評価の手順は対話型読書力評価とほぼ同じです。

3. 外国人児童生徒のための JSL 対話型アセスメント DLA

3.1 DLA の概要

　DLA は、2014 年に文部科学省により開発された日本語能力測定ツールです。Dialogic（対話型）、Language（言語）、Assessment（アセスメント）の頭文字を取って DLA と呼ばれています。紙筆のテストでは測れない CLD 児の言語能力を 1 対 1 の対話を通して測る支援つきの評価法で、既述の通り、TOAM、OBC、対話型読書力評価をベースに開発されました。日本語の力の測定のために開発されていますが、3.3 節で紹介するようなバイリンガル教育理論を基盤としているため、日本語以外の言語の評価にも応用可能です。

3.2 DLA の目的と特徴

　DLA の目的は、子どもの持っている言語の知識を点数化、序列化することではありません。子どもの年齢に伴う発達と教科学習との関連の中で、その言語を使って何ができるかということ、また、「一人でできること」だけではなく、「支援を得てできること」を、対話を通して観察し、そこで得られた情報をその後の学習の指導・支援に役立てることを目的としています。子どもがどのように学んでいるのか、その学びがどのような支援があれば促進されるのか、どうすれば学習意欲を喚起できるのかなどを、さまざまな支援を与えながら対話をすることで捉えようとしています。小学 1 年生から中学 3 年生の子どもの日常会話から教科学習場面での言語の力を測ります。

3.3 DLA が基盤とする CLD 児の言語能力観

　CLD 児は、日常的な会話には問題がないが教科学習場面で困難を抱える

といったことがよく問題になりますが、Cummins（2001）は、習得にかかる時間と方法の違いから、言語を三つの側面に分けて考えることを提唱しました。よく慣れている場面で平易な会話をする力を示す**会話の流暢度**（Conversational Fluency [**CF**]）、音韻意識や文字、文法規則などの知識とスキルを示す**弁別的言語能力**（Discrete Language Skills [**DLS**]）、教科学習で必要とされる言語的にも概念的にも高度な文章を理解し産出する力を指す**教科学習言語能力**（Academic Language Proficiency [**ALP**]）です。CF、DLS、ALP はもともと**伝達言語能力**（Basic Interpersonal Communicative Skills [**BICS**]）と**認知学習言語能力**（Cognitive Academic Language Proficiency [**CALP**]）と呼ばれていた力で、日本では生活言語能力と学習言語能力という用語で紹介されることも多いです（本書第 6 章 2.1 節、第 7 章 2.2 節参照）。DLA では、これらの三つの側面から CLD 児の言語能力を立体的に捉えることを目指しています。

　また、複数の言語や文化に触れながら育つ CLD 児の言語の力は、それぞれ別々に存在するのではなく、互いに影響しあっていると言われています。Cummins（1981）は CLD 児の複数の言語能力が認知面（頭の中）でつながっていることを**言語相互依存の原則**（Linguistic interdependence principle）により定義しました（本書第 7 章 2.2 節、第 9 章 2 節も参照）。すなわち、認知発達の途中にある CLD 児の場合、日本語だけでなく、それ以外の言語の側面も捉えようとしなければ、本当の実態をつかんだことにはならないということです。そのため、DLA は、日本語以外の言語の力も測定できる構造で開発されました。

3.4　DLA が基盤とする CLD 児の言語評価観

　DLA は、支援つきの評価法であり、一人でできることだけでなく、支援を得てできることを測ると述べましたが、このように、アセスメントの最中に評価者が積極的な介入を行って、学習者のこれからの学習可能性を見極めようとするアセスメントを**ダイナミック・アセスメント**（Haywood & Lidz, 2007）と呼びます。これは、子どもが周囲の大人からのサポートを得ながら、一人では難しいタスクも次第に自信を持って達成できるようになる学習

過程を捉えたヴィゴツキー（2001）の**発達の最近接領域**（Zone of Proximal Development [**ZPD**]）の理論を踏まえたものです。子どもの認知発達を促すには、ZPD への適切な働きかけが重要であるとされています。DLA では、評価者が子どもに応じてタスクや発問を調整し、適切な支援を行い、子どもの持っている最大限の力を引き出すことにより、その子どもにとってどのような支援が効果的かということも含めて把握に努めます。

3.5　DLA の構成

　DLA は次の二つのパートにより構成されています。一つは用意されたキットを使って対話を通して言語技能を測定する実践の部分、もう一つは、日頃の観察や測定結果を在籍学級参加との関係から記述した「JSL 評価参照枠」（3.5.2 節の表 1 参照）に照らし合わせ、言語習得のステージを確定する評価の部分です。図 1 はその構成を示したものです（文部科学省、2014, p.11 をもとに作図）。

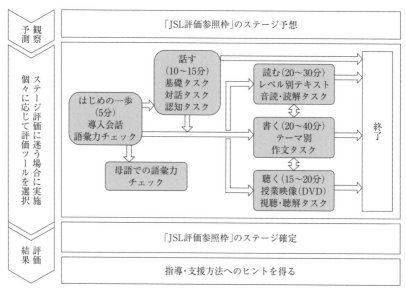

図 1　DLA の構成

3.5.1　DLA の言語技能測定の実践

　言語技能測定の実践は〈はじめの一歩〉と〈話す〉〈読む〉〈書く〉〈聴く〉の四つの言語技能別タスクから構成されています。〈はじめの一歩〉は、あいさつや名前、学年などの子ども自身に関する質問の「導入会話」と 55 問の基礎語彙の絵カードの「語彙力チェック」からなります。

　〈話す〉は、「基礎タスク」「対話タスク」「認知タスク」の三つからなります。「基礎タスク」では、子どもの日常的な場面で必要となる基礎的な文型や語彙の習得状況をみます。「対話タスク」では、状況や必要に応じて子どもが自ら話し、会話をリードする力をみます。「認知タスク」では、教科と関連した内容について低頻度語彙や教科語彙を使いながら、まとまりのある話ができるかどうかをみます。

　〈読む〉では、読解力、音読行動、読書行動、読書傾向からなる読書力を、1 冊の短いテキストを読む過程を通して測ります。用意された 7 冊のテキストから子どもに合ったレベルを選んで、子どもに合わせて読み聞かせや音読、黙読をしながら、一緒に最後まで読みきり、内容の口頭再生や理解を深めるやりとり、さらには読書習慣についてやりとりを行います。普段の読書活動のように子どもが楽しんで本に親しめるように設計されています。

　〈書く〉では、レベル別に設定された八つのテーマから一つ選んで作文を書く過程を通して、まとまった文章を書く力を測ります。一般的な作文テストと最も違う点は、書き始めるまえに、対話を通して、子どもの能力や態度に応じて考えを深めたり、書く意欲が高まるように支援をする点です。また書いたあとも、書いたことや書きたかったことを一緒に振り返ったり、内省を促したりしつつ、次の書く活動につなげます。

　〈聴く〉では、教科学習に必要な聴く力を測ります。教室活動や授業でのまとまりのある話を聴いて理解し、その内容を整理し活用できる力です。DVD で用意された八つの教室談話のうち、子どものレベルに応じて一つを視聴し、内容理解に関するやりとりを通して、子どもの授業参加の実態を把握します。

　1 回のアセスメントの所要時間は、子どもの集中力を考慮して、長くても授業一コマ分（45〜50 分以内）です。目安は〈はじめの一歩〉は 5 分、〈話す〉は 10〜15 分、〈読む〉は 20〜30 分、〈書く〉は 20〜40 分、〈聴く〉は

15〜20 分程度です。また、1 回の実施ですべての技能の DLA を行うのではなく、子どもの実態に応じて、みるべき技能だけを実施することを推奨しています。

3.5.2　DLA の「JSL 評価参照枠」

「JSL 評価参照枠」は、普段の様子や DLA の実践を通して観察された子どもの日本語能力を具現化して捉えるための枠組みです。「JSL 評価参照枠〈全体〉」と「JSL 評価参照枠〈技能別〉」があり、6 段階の「ステージ」ごとに記述文が示されています。「JSL 評価参照枠〈全体〉」では、六つのステージが示す日本語能力の概要が在籍学級への参加、および支援の必要度との関係から記述されています（表 1 参照）。

表 1　JSL 評価参照枠〈全体〉（文部科学省、2014, p.8 より抜粋）

ステージ	学齢期の子どもの在籍学級参加との関係	支援の段階
6	教科内容と関連したトピックについて理解し、積極的に授業に参加できる	支援つき自律学習段階
5	教科内容と関連したトピックについて理解し、授業にある程度の支援を得て参加できる	
4	日常的なトピックについて理解し、クラス活動にある程度参加できる	個別学習支援段階
3	支援を得て、日常的なトピックについて理解し、クラス活動にも部分的にある程度参加できる	
2	支援を得て、学校生活に必要な日本語の習得が進む	初期支援段階
1	学校生活に必要な日本語の習得がはじまる	

「JSL 評価参照枠〈技能別〉」（文部科学省、2014, p.36, 72, 104, 135）は、〈話す〉〈読む〉〈書く〉〈聴く〉の四つの技能の言語能力を、複数の観点から多角的に捉えようとしたものです。〈話す〉は「話の内容・まとまり」「文・段落の質」「文法的正確度」「語彙」「発音・流暢度」「話す態度」の六つ、〈読む〉は「読解力」「読書行動」「音読行動」「語彙・漢字」「読書習慣・興味・態度」の五つ、〈書く〉は「内容」「構成」「文の質・正確度」「語彙・漢字力」「書字力・表記ルール」「書く態度」の六つ、〈聴く〉は「聴解力」「聴解行動」「語彙・表現」の三つの観点から評価します。ステージに応じた観点別の記述文に照らして、何ができるかを把握し、指導・支援に活かします。

3.6 DLA を活用した評価と支援の実践

　繰り返しになりますが、DLA ではこれからどのような学習支援が有益であるかを多角的に検討するための情報を得ることを目的としています。ですから、原則的に、評価結果をその後の指導計画や実際の指導・支援に結びつけて考えます。

　次ページの発話例（資料1）は、滞日期間6ヵ月の9歳（4年生）、中国ルーツの児童 A に DLA〈話す〉を実施した際の「環境問題」タスクの発話の一部です（図2も参照）。児童 A が在籍する学校はいわゆる散在地域の学校で、児童 A がその学校でただ一人の CLD 児でした。そのため、日本語指導担当教員の加配やボランティア派遣などはなく、管理

図2　DLA〈話す〉「環境問題」
タスクで用いるイラスト

職や時間の空いている教員が児童 A の取り出し指導や入り込み指導を行っていました。ただ、放課後は児童 A が地域の国際交流協会に通うなど、外とのつながりはありました。来日から半年が経ったところで改めて指導方針を学校全体で考えたいということで、担任教員、児童 A の支援にあたる教員、管理職、教育委員会、地域の国際交流協会と筆者（日本語の DLA を担当）、それから、中国語での DLA ができる中国語母語話者の大学院生とでDLA 実施と支援方法の検討を行うケース会議の場を設けました。DLA の様子はビデオで録画しつつ、別室からリアルタイムで観察しました。

　資料1は環境問題への対策についての意見を話しているやりとりですが、どんなことに気がつくでしょうか。文法や表現の間違いはありますが、児童 A が知っている語彙を駆使しながら、人々が車の使用をやめて自転車にすれば、（環境問題を引き起こす）排気ガスの排出がなくなるということを伝えようとしているのが分かるでしょう。テレビから得た知識だとはいえ、自分一人ができることではなく、社会全体として取り組むべきことについて、自分の意見を述べています。

資料 1　滞日 6 ヵ月、9 歳、中国ルーツ児童 A
　　　　DLA〈話す〉「環境問題」タスクの発話の一部

```
T：じゃあね、A ちゃんは、地球困ってる、泣いてるね、どうする？
A：うーん、みんなにー、気をつけてから、自転車あるでしょ？　えっとー、車にー、ちょっ
　　とー、うーん、自転車の方がー、やるの方が、いいと思う。
T：あー、そっかそっか。
A：中国はー、テレビのやった、うーん、100 人、100 個、自動車、黒いのやつにー、100 キロ。
T：ほー、そう。
A：で、100 人、1 個バス、1 個バス、あるのほうが、10 キロ。
T：すごーい、先生、よくわかった。かしこいなー、A ちゃんは、びっくり。
A：で、100 人、100 個、自転車。
T：はいはいはい。
A：ゼロ。
```

※ T はテスター、A は児童

　このように、DLA では会話の流暢度や弁別的言語能力などの表層面の力
だけでなく、教科学習言語能力に関わる深層面の力も観察することが可能で
す（本書第 6 章も参照）。ケース会議では、普段から児童 A に接している先
生方も、児童 A がしっかりしているのは分かっていても、日本語が不十分
ながらも分かりやすい例を用いて自分の意見をはっきり言うことができる姿
に大変驚いておられました。中国語でも DLA を実施したところ、中国語の
話す力や読む力は年齢相応以上にあるということも分かりました（本書第 9
章も参照）。そして、これらの結果を踏まえて、毎日の朝の学習タイムで日
本語の基礎的な文法や表現を勉強しつつも、教科の授業に参加できるよう
に、中国語とやさしい日本語を使った先行型（予習型）の教科学習を取り出
し指導で行うことになりました。そして、中国語の支援ボランティアを教育
委員会と国際交流協会とで探してくれることになりました。在籍学級の授業
でも、日本語が分からないから参加できないと決めつけずに、できるだけ分
かりやすい授業の工夫を行って、児童 A が参加しやすい授業作りを心がけ
ることになりました。

　DLA のメリットの一つは、このように、子どもの支援に関わる複数の人
が、子どもの具体的な様子や情報を共有し、共通認識を持って、指導・支援
について話し合え、有益な支援方法の実施につながりやすいという点にあり
ます。

　また、ある集住地域の小中学校では、年度末から年度始めの時期に集中し

て数十人の児童生徒の DLA の〈話す〉と〈読む〉を実施し、その結果を踏まえてステージ別に取り出し指導を行うというカリキュラムを組んでいる例もあります。二言語での多読プログラムを導入している別の小学校では、プログラム開始時期に DLA〈読む〉を実施して、一人一人の子どもの力に応じたレベルから多読をスタートさせています。そして、年に１回、DLA〈読む〉を行って読書力の伸びを観察しています。このやり方では、子ども自身も自分のレベルを客観的に知ることができるため、モチベーションの向上にもつながっています。

 ## もっと詳しく知りたい人のために

DLA をより深く知りたい人は、文部科学省（2014）『外国人児童生徒のための JSL 対話型アセスメント DLA』を手にとってみてください[5]。また、東京外国語大学多言語・多文化教育研究センターが制作した『「DLA」《使い方映像マニュアル》』は、動画で DLA を実施している場面を見ながら目的や構成、実施・評価方法を学ぶことができます[6]。

CLD 児の日本語の力の評価全般を扱った本については、管見の限りありませんが、成人学習者も含む言語能力の評価について詳しく知りたい人には、近藤（2012）『日本語教師のための評価入門』がお勧めです。評価理論をふまえ、教室での評価活動や研究の事例などが分かりやすく取り上げられています。洋書でしたら、少し難しいかもしれませんが、De Angelis（2021）*Multilingual testing and assessment* に挑戦してみてください。複数言語環境にいる学習者のための言語能力評価の設計や実施、評価のガイドラインが示されています。

 ## 多角的かつ包括的な言語能力評価の必要性

本章では、CLD 児の日本語の力の評価を行うツールとして、これまで日

5　<https://www.mext.go.jp/a_menu/shotou/clarinet/003/1345413.htm> よりダウンロード可。

6　<http://www.tufs.ac.jp/blog/ts/g/cemmer/dla.html> よりダウンロード可。

本で作られてきたテスト・評価法を概観したうえで、文部科学省が開発した
DLA について説明してきました。CLD 児は、いずれの言語も発達の途上に
ありつつも、自分自身のもつ複数の動的な言語レパートリーを総動員しなが
ら周囲とやりとりをし、考え、成長していっています。近年では彼らの言語
の力を別々に捉えるのではなく、すべての言語資源を、言語の区分を超えて
つながったレパートリーとして捉える**トランスランゲージング**
(translanguaging)（García & Li, 2014）という概念も提唱されています（本
書第 6 章 4 節も参照）。このような子どもたちの言語の力を捉えるには、冒
頭にも述べましたが、一つの評価法にこだわらずに、さまざまな方法を柔軟
に取り入れて、多角的かつ包括的に把握しようとする姿勢が大切でしょう。
子どもたちの全人的発達を支える言語能力評価と教育の実践が、今後ますま
す求められます。

引用文献

伊東祐郎・菊田怜子・牟田博光（1999）「外国人児童生徒の日本語力測定試験開発のための基礎研
　　究(1)」『東京外国語大学留学生日本語教育センター論集』25 号、33-50.

伊東祐郎・菊田怜子・牟田博光（2000）「外国人児童生徒の日本語力測定試験開発のための基礎研
　　究(2)」『東京外国語大学留学生日本語教育センター論集』26 号、153-168.

ヴィゴツキー、レフ（2001）『［新訳版］思考と言語』（柴田義松訳）新読書社

岡崎敏雄（2002）「学習言語能力をどう測るか―TOAM の開発：言語能力の生態学的見方―」『日
　　本語教育ブックレット 1―多言語環境にある子どもの言語能力の評価―』国立国語研究所、
　　45-59.

カナダ日本語教育振興会（2000）『子どもの会話力の見方と評価―バイリンガル会話テスト（OBC）
　　の開発―』カナダ日本語教育振興会

川上郁雄（2003）「年少者日本語教育における「日本語能力測定」に関する観点と方法」『早稲田
　　日本語教育研究』2 号、1-16.

川上郁雄（2009）「日本語能力の把握から実践への道すじ―「JSL バンドスケール」の意義と有効
　　性―」川上郁雄・石井恵理子・池上摩希子・齋藤ひろみ・野山広（編）『「移動する子どもた
　　ち」のことばの教育を創造する―ESL 教育と JSL 教育の共振―』第 2 部 2 章、ココ出版、
　　166-182.

川上郁雄（2020a）『JSL バンドスケール［小学校編］―子どもの日本語の発達段階を把握し、こと
　　ばの実践を考えるために―』明石書店

川上郁雄（2020b）『JSL バンドスケール［中学・高校編］―子どもの日本語の発達段階を把握し、
　　ことばの実践を考えるために―』明石書店

近藤ブラウン妃美（2012）『日本語教師のための評価入門』くろしお出版

櫻井千穂（2018）『外国にルーツをもつ子どものバイリンガル読書力』大阪大学出版会

中島和子（2005）「ポルトガル語を母語とする国内小・中学生のバイリンガル会話力の習得」鎌田修・筒井通雄・畑佐由紀子・ナズキアン富美子・岡まゆみ（編）『言語教育の新展開—牧野成一教授古稀記念論集—』第 4 章、ひつじ書房、399-424.

中島和子・桶谷仁美・鈴木美知子（1994）「年少者のための会話力テスト開発」『日本語教育』83 号、40-58.

中島和子・櫻井千穂（2012）『対話型読書力評価』JSPS 科学研究費基盤研究（B）21320096「継承日本語教育に関する文献のデータベース化と専門家養成」（代表中島和子）

中島和子・ヌナス、ロザナ（2001）「日本語獲得と継承語喪失のダイナミックス—日本の小・中学校のポルトガル語話者の実態を踏まえて—」<http://www.colorado.edu/ealld/atj/ATJ/seminar2001/nakajima.html>（2006 年 7 月 27 日）

福沢周亮・平山祐一郎（2009）『［改訂版］全国標準教研式読書力診断検査　Reading-Test』図書文化社

真嶋潤子（編）（2019）『日本語が母語ではない子どもの二言語能力—母語をなくさない日本語教育は可能か—』大阪大学出版会

文部科学省（2014）「外国人児童生徒のための JSL 対話型アセスメント DLA」<http://www.mext.go.jp/a_menu/shotou/clarinet/003/1345413.htm>（2018 年 9 月 28 日）

文部科学省（2019）「外国人児童生徒受入れの手引き［改訂版］」<https://www.mext.go.jp/a_menu/shotou/clarinet/002/1304668.htm>（2022 年 1 月 27 日）

Cummins, J. (1981). The role of primary language development in promoting educational success for language minority students. In California State Department of Education (Ed.), *Schooling and language minority students: A theoretical framework* (pp.3-49). Evaluation, Dissemination and Assessment Center, California State University.

Cummins, J. (2001). *Negotiating identities: Education for empowerment in a diverse society.* California Association for Bilingual Education.

Cummins, J. (2009). Transformative multiliteracies pedagogy: School-based strategies for closing the achievement gap. *Multiple Voices for Ethnically Diverse Exceptional Learners, 11*(2), 38-56.

De Angelis, G. (2021). *Multilingual testing and assessment.* Multilingual Matters.

García, O., Johnson, S. I., & Seltzer, K. (2017). *The translanguaging classroom: Leveraging student bilingualism for learning.* Caslon.

García, O., & Li, W. (2014). *Translanguaging: Language, bilingualism and education.* Palgrave Macmillan.

Haywood, H. C., & Lidz, C. S. (2007). *Dynamic assessment in practice: Clinical and educational applications.* Cambridge University Press.

Nishihara, S., Ishii, E., Okazaki, T., & Nakajima, K. (1999, August 1-6). *A multiperspective study of minority language children in Japanese schools* [Symposium presentation]. AILA '99, Tokyo, Japan.

第 **4** 章

子どものための日本語教材を
使う・作る

池上摩希子

Q

　子どもに日本語を教えることになったのですが、どのような日本語教材がありますか。教科書として使うものを1冊選んだうえで、1学期間・1年間などの期間を決めて教科書の内容を順序通りに進めればよいのでしょうか。自分で教材を作る必要もありますか。

A

　日本語教材には子どもを対象としたものもあるので、まずはいくつか手に取ってみることをおすすめします。そのなかには、教科書の他にも活動のアイディア集、教科学習の補助となるものも見られます。日本語教育が必要な子どもたちの多様性を考えると、1年や1学期という決まった期間で1冊の教科書を教えるという進め方を超える必要もあります。教材を自作したり身の回りの実物を使ったりすることも含めて、子どものための日本語教材を検討していきましょう。

① 子どものための日本語教材について知る

1.1 はじめに

　子どもに日本語を教えるといっても、学校教育の課程には「日本語」科という教科はありません。したがって、「日本語」科という教員免許もなく、学校ではいろいろな職階や立場の支援者が子どもに日本語を教えることになります（本書第2章4節参照）。教材について言えば、国語や算数のように決まった検定教科書があるわけではないのですが、日本語を教える際に使用される教材としてはさまざまなものがあります。

　試みにインターネットで検索してみると、日本語教材を扱っている Web 書店や出版社が複数件ヒットしますし、教材や資料を無料でダウンロードできるサイトも多数見られます。絞り込んでいくと、子どものための日本語教材も、少なからず見つかります。選択できるのはよいことなのですが、たくさんあると「子どもに教えることになった、じゃあ、どの教材がいいだろう」と思ったとき、すぐに適切な教材を決めるのは容易ではないようです。

　本章では、子どもの日本語教育の文脈の中で使用・提案されてきたさまざまな教材を例として紹介します。ただし、すべての教材を網羅できるわけではありませんし、教材をリスト化して紹介することが本章の目的でもないので、いくつかの例を取り上げて示します。また、主な対象とするのは、日本在住の子どもたち向けの教材です。海外で日本語を学ぶ子どもたちの教材に関しては、本章の5節で触れることになります。

1.2 教材の種類

　「教材」といったとき、それはすなわち「教科書」「テキスト」のことだと考える場合が多いと思います。それはどうしてでしょうか。また、子どもに日本語を教える教材において、それは問題にはならないのでしょうか。まず、教材にはどのような種類があるか、確認してみましょう。

　教育活動を実行するときに、コースやプログラムの中心に据える教材が「教科書」「テキスト」とされます。多くの場合、教科書の内容がほぼ**シラバ**

ス[1]になるので、**主教材**、またはメインテキストと呼ばれたりもします。教科書を主教材とし、これを補足するために**副教材**を使用することも多いでしょう。副教材としては、主教材とは別の教科書を用いることもあれば、映像や音声で構成された視聴覚教材やプリントの類いで補うこともあります。

　私たちがこれまでに受けてきた教育、つまりは自身の学習経験を振り返ると、一定期間のコースに適用された主教材によるものが多いのではないでしょうか。このことから、副教材を考慮に入れたとしても「教材＝教科書」という考え方が一般的になるのでしょう。しかしながら、子どものための日本語教育という文脈で考えた場合、その特性からして、教材に関しても再考を促されます。日本語教育が必要な子どもの言語的文化的背景は多岐にわたります（文部科学省、2019）。年齢、発達段階、母語や日本語の習熟度等、子ども一人一人に関わる要因のみならず、なぜ日本語を学ぶ必要があるのかといった目的や動機も一律ではなく、この点は歴史的社会的要因との関わりに留意する必要があります（齋藤ほか、2011）。学ぶ場も学校を始めとする公的な教育機関だけではなく、家庭や地域の教室に広がっています。このように見ていくと、子どもたちに対する日本語教育は、決められた一定期間内にコースとして提供できる場合はそれほど多くないとわかります。「教材＝教科書」という考え方だけでは十分とは言えないのです。

　また、教材には市販されているものの他に、教師や支援者が作成した自作教材もあります（図1）。市販教材には、日本語のレベルによる区分や読む・書く・聞く・話すの**四技能**のうちのどれかに焦点を当てた技能別のものがありますが、自作教材も同様で、先述したような子どもたちの多様性を考慮し、特定の学習者の条件に合わせて作成されたものが数多く見られます。小学生・中学生用と子どもの発達段階に合わせたものや、漢字学習用の教材、算数などの教科学習に焦点化した教材もあります。さらに、本章では学習者である子どもに提供する教科書やテキストだけではなく、教師や支援者向けのアイディア集や事例集なども教材に含めています。

1　シラバス（syllabus）は講義概要や教授細目といった意味で、教える内容（項目）が教える順に並べられています。

第4章

子どものための日本語教材を使う・作る

63

●次の文の( )の中に適当な数字を書きなさい。わからないときは、地図帳で調べたり先生
に聞いたりしましょう。

地球の大きさ、
知ってる？

地球がいつ生まれたかは、正確にはわかっていない。けれども、約( )億
年前だと言われている。
地球の周囲は、赤道が約( )万kmで、表面積が約( )億k㎡、体積は
約( )兆k㎥ある。地球の約 70 ％ は海なので海の面積は約( )億k㎡、
陸地の面積は約( )億k㎡になる。そして、この地球のなかで日本が占める
面積は約( )万k㎡である。

読んでみよう

① 1万 =   10000   ④ km = キロメートル

② 1億 = 100000000   ⑤ k㎡ = 平方キロメートル

③ 1兆 = 1000000000000   ⑥ k㎥ = 立方キロメートル

＊ 太陽系 **

Q1. 地球はどれでしょう？

Q2. 地球から太陽までの距離は
どのぐらいでしょう？

図1　自作教材の例

また、一般的には教育を目的として使われるものではない素材、たとえば、カタログや給食の献立表、漫画なども教材として用いることができます。以下、具体例を示しながら紹介していきます。

2. 子どものための日本語教材を概観する

2.1 日本語教育の展開と教材

　ここでは、まず、日本語教育の領域全体で教材がどのように使われてきたのかについて、子どものための教材を具体例として整理していきます。日本語教育に限らず、教育全般において教授や学習に関わる考え方や方法は、歴史的文化的な影響を受けて時代とともに変化しています。これは、行動主義から認知主義への移行、そして構築主義の台頭という学問領域を横断する大きな流れに沿ったものと言えます（久保田、2000）。

　本書の第2章3.2節でも述べられているように、日本の学校教育現場で日本語指導が必要な子どもが認識されはじめたのが1980年代、その後、1990年代にかけて子どもたちが増加する傾向が続きました。そのようななか、子どものための日本語教材として市販されたものに『ひろこさんのたのしいにほんご』（1986）があります。学校生活などの場面に沿って日本語が学習できるように組み立てられ、語彙や文型、文字の学習もできます。副教材も充実しているため、広く使われた代表的な教材と言えます。また、1992年には、公的な支援策の一つとして文部省（当時）から『にほんごをまなぼう』が出されました。サバイバル場面での会話を中心とした教材です。この頃には、提示された文法項目や文型を練習して覚えるために、**構造シラバス**[2] をベースに作られた教材も多く見られます。『日本語学級〈1〉』（1999）は、簡単な語彙でも場面に沿って示すことで、意思疎通が図れるように考えられていて、**反復練習**でも子どもたちが楽しめるように工夫されています。

　反復練習を行動主義に基づく教え方の特徴の一つとするなら、認知主義からの影響としては、**コミュニケーション重視**の考え方があげられます。活動

2　構造シラバスは文法シラバスとも呼ばれ、文法項目や文型を易しい順に並べたものです。

集やアイディア集にこの考え方が反映されているといってよいでしょう。『子どもといっしょに！日本語授業おもしろネタ集』（2001）や『児童・生徒のためのわいわい日本語活動集—外国人の子どものための日本語—』（2005）などが例として挙げられます。

　2000 年代に入ると、成人学習者が主たる対象と認識されていた日本語教育全体のなかでも、たとえば「年少者日本語教育」といった表し方が一般的になりました。子どもたちのために日本語教育を展開すること自体の認知度や必要度が高まってきたからです。言い方を変えれば、外国人の子どもたちが抱えさせられている課題が教育課題としても広く認知されるようになったということです。学校教育現場でも、日常的なコミュニケーションは成立しても**教科学習**に参加するのが容易ではない子どもが見られ、それが課題として取り上げられるようになりました（本書第 3 章 3.3 節、第 6 章、第 7 章 2.2 節も参照）。

　これを受けて、文部科学省が **JSL カリキュラム**[3]を開発し公表したのが 2005 年のことです（本書第 5 章参照）。この JSL カリキュラムは教科の内容を日本語で学ぶ「教科と日本語の統合学習」という考え方をもとに構成されています。JSL カリキュラムは「教科書」「テキスト」として提供されている教材ではないのですが、一種のリソースとして参照することができます。また、JSL カリキュラムの考え方をもとにしたリソース集も出版されています（佐藤監修、2005）。

　この後、特に 2010 年代以降には、多様化する子どもたちの状況に対応するべく、さまざまな種類の教材が作成されています。それまで、日本語の習熟度でいえば初級、対象学年でいえば小学生用のものが多く見られましたが、徐々に中級以上や中学生以上を対象とした教材が増え、教科学習に対応するための教材も出版されるようになりました（田中、2015; 田中監修、2022; 有本、2019; 庵監修、2019a; 2019b 等）。たとえば、庵監修（2019a; 2019b）は中学生を対象とし、教科学習につなぐための体系的な日本語を提供するのが目的の教材になっています。

　今後は、デジタル化時代がますます進むなかで、言語教育に限らず、コン

ピューターやタブレット端末等を教具としデジタル媒体を教材とした教育[4]
が広く展開されていくことでしょう。子どもたちのための日本語教育におい
ても、注視していく必要がある局面と考えます（5節も参照）。

2.2 現状から見える課題

　2.1 節では、子どものための日本語教材の概要を時系列で見てきました。
ここまで概観してきたことから課題をまとめるとすれば、次のようなことが
言えるでしょう。

① 　ネットワーキングの必要性
　出版されているものは成人用に比べて限られていますが、それでも子ども
のための教材は徐々に増加し、それらが蓄積されている傾向にあります。た
だ、学校現場や地域で支援者が作成している自作教材は十分な流通が図られ
ておらず、共有化が進んでいない状況です。
　文部科学省が提供する情報検索サイト「かすたねっと」[5]は、この状況に対
応するためにも有効なリソースになっています。このサイトでは、各地域や
教育委員会等で作成されたさまざまなリソースを検索したりダウンロードし
たりできます。それでも、まだ、「隣の学校で作って使っている教材を知ら
なかった」「日本語教育を担当していた教員が異動になったので、また最初
からリソースを集め始めた」等、リソースの点在や散在が指摘されることが
あり、細やかなネットワーキングが求められています（本書コラム4も参
照）。

② 　教科指導との連動
　子ども向けの教材として、初期指導対象また低年齢対象のものが比較的多
くあり、そこから対象や内容のバリエーションが展開していったことを述べ
ました。現状でも、初期指導段階が過ぎ、サバイバル・レベルから次の段階

4 　言語習得、言語教育とデジタル・テクノロジーとの関連については、バトラー（2021）に詳
しくあります。
5 　<https://casta-net.mext.go.jp>（2021年11月2日アクセス）

67

で用いる教材を充実させる必要性が言われ続けています。とくに、小学校中学年以上の児童生徒に対しては、学年が進むにつれ、学校で学ぶ教科の内容が抽象的で複雑になるので、日本語指導と教科指導を連動させることが難しくなっています。2.1節で紹介したJSLカリキュラムも、教育現場ではまだ十分に認知されておらず、普及の途上にあると言えます（本書第5章参照）。教科という「内容」と日本語という「言語」を統合する**「内容と言語の統合学習」**は、学校での学習に日本語を使って参加する経験を通して日本語の力が身につくという考えが基になっています。「教科と日本語の統合学習」を進めていくためにも、**内容重視**（Content-based）の考え方[6]を検討していく必要があるでしょう。

③　多様化への対応

　日本語学習が必要な子どもたちの多様化によって、これまでに蓄積された教材に関しても「私の目の前の子どもに合わない」という声が上がり、それへの対応を迫られている状況が続いています。対象である子どもの個別化、日本語を学習する目的の細分化を鑑み、「教材」に対する考え方を問い直す必要に迫られているのではないでしょうか。国語や算数のような教科では決まった教科書がありますし、留学生を対象とした日本語教育では学習期間やプログラムが決まっていてそれに従って使用する教材も決められます。しかし、子どもたちのための日本語教育では、1年や1学期間で1冊の教科書を終えるというような教材の使い方ばかりではない現状があります。「教材といえば教科書」、そして「メインテキストがあってそれを教える」と考えを固定せず、多様化に柔軟に対応するためには何が必要かという点を以降の3節、4節で考えていきます。

 子どもにとって必要な日本語教材を選ぶ

　子どもたちを支援する際には、いろいろな教材やリソースのなかから教材

6　これまでにも日本語を母語としない子どもの教育支援の現場で多く取り入れられてきています。詳しくは、齋藤（2019）などを参照してください。また、継承語教育においても注目されています（本書第9章3節参照）。

を選んで日本語教育の活動を組み立てる必要があります。ここでは、まず、そのときに留意することを確認し、続けて、具体例を見ることで教材の選び方と支援をイメージしてみましょう。

3.1 教材を選ぶときの留意点

　子どものための日本語教材を選んだり、また、作ったりする際の全体的な留意点としては、次の4点が挙げられます。

① 　子どもたちの認知的発達段階に合わせた内容を選ぶこと
② 　authentic で自然な材料と状況を活用すること
③ 　子どもたちの学習経験や母語の力を考慮に入れること
④ 　子どもたちの状況を考慮して具体化すること

以下、少し具体的に見ていきます。

① 　子どもたちの認知的発達段階に合わせた内容を選ぶこと
　これはすなわち、子どもたちの日本語のレベルが、発達のレベルとイコールではない、ということです。来日したばかりで日本語がほとんど理解できない子どもも、来日前は母語の環境で十全にコミュニケーションを行い、学習活動にも参加していました。日本語ができないからといって、その子どもからすると「幼稚だ」「自分はこんなことはしたくない」と思う内容の教材を用いると、著しく意欲が低下してしまうこともあります。「日本語がわからないのでまず小学校1年生の国語の教科書から始めた」といった事例を耳にしたこともありますが、これは二つの理由から適切ではありません。一つは、国語の教科書は日本語で育った子どもを対象とした教材で、日本語を話したり聞いたりする力が十分にある前提で作られているからです。もう一つは、題材が1年生の発達段階に合わせてあるので、年齢や学年が上の子どもには合わないからとなります。②と関連しますが、日本語のレベルを勘案したとしても、内容のレベルは落とさないで、教材を選んだり作ったりする必要があります。

② authentic で自然な材料と状況を活用すること

「authentic」は「真正性がある」といった意味ですが、「ニセモノではないホンモノ」と考えると分かりやすいと思います。時計やお金など身の回りの**レアリア（実物）**を使ったり、教材の内容として実際の教科書や新聞の文章を使ったり、ホンモノの内容が子どもたちの興味と好奇心を刺激します。子どもたちが「次は何だろう」と考えられることが大切です。とくに、2.2節で触れた「教科と日本語の統合学習」のような内容重視の考え方では、ホンモノの素材を教材とすることが重要であるとして、実物や絵、写真、映像などを用いて内容の理解を促します（本書第 5 章 3 節参照）。

とはいえ、教科内容は学年が上になるほど難しく抽象的になるので、子どもたちの日本語がまだ十分ではないと、内容の理解に求められる**認知レベル**との間に差が生まれます。この場合、認知レベルと日本語レベルのバランスを取る必要があるので、その差を埋めるためにも、子どもに応じた副教材を使ったりテキストを**リライト**して用いたりすることが多くなります。リライトなど支援者の判断でホンモノに手を入れるときにも、真正性（authenticity）を確保できるよう努めることが必要です。

③ 子どもたちの学習経験や母語の力を考慮に入れること

これも①の内容と関連しています。日本語力が十分ではないことで学習活動への参加が難しい場合でも、子どもたちの**母語**であれば理解できたり活動できたりすることはたくさんあります。母語で過ごしてきた期間の経験が、子どもたちの内部に積み上がっているのです（本書第 6 章 4 節、第 9 章も参照）。来日前に出身国で教育を受けていれば、そこで知識やスキルを獲得し、その子どもなりの学習スタイルを身につけていることもあるでしょう。反対に、私たちが日本で学校教育を受けてきたことによって「当たり前」になっていることが、日本語教育が必要な子どもたちにとってはそうではないこともあります。たとえば、コンパスや分度器を使ったことがない、プリントをファイルする習慣がない等です。とくに教科学習を視野に入れる場合には、子どもの既有知識や学習に対する態度、好みを把握したうえで、教材を作ったり選んだりするときにそれらを活かすことが大切です。

④　子どもたちの状況を考慮して具体化すること

　そして、ここまでの小括として述べるとすれば、「多様化している子どもたちの状況、文化的背景、日本語能力や母語能力、学習目的」を考慮して教材という具体の形に反映させていく、となります。さらに、その子どもが実生活で行うことになる言語活動から、教材に取り上げる場面や扱う言語材料を選んでいきます。次の3.2節で活動例を示し、ここまで述べてきた内容を具体的にイメージしてみましょう。

3.2　教材と支援のイメージ

　まず、「どんな子どもが」「何のために」「どんな場面で」、この3点を次のように仮定した支援の場合、どのような教材を選ぶとよいか、考えてみましょう。

(1)「来日したばかりの子どもが、学校で先生やクラスメイトとコミュニケーションをとるため」の支援を組み立てる。
　「来日したばかり」ということで、サバイバル・レベルの内容が求められます。さらに、子どもの発達段階の違いによって使用する教材も異なることを考慮に入れると、以下のようになります。

　1）来日したばかりの小学校2年生の児童を対象に
　　・日本語を使用する場面が分かりやすいように、イラストが豊富なテキストを選んで、学校生活での簡単な会話から始める。
　　・絵カードを使ってひらがなを導入する。絵カードに使用したイラストを入れたプリントを自作して、ひらがなを書く練習もする。
　2）来日したばかりの中学校2年生の生徒を対象に
　　・簡単な文型から学べるテキストを軸に組み立てる。成人用の教科書しか入手できない場合は、語彙などを適宜、中学生にふさわしいものに変更して提示する。母語訳がついているものがあればなおよいし、母語の語彙リストを自作したり、リストに従って子どもに辞書で調べさせたりしてもよい。

・教科に関する語彙がリスト化されている教材を使って、授業内容を少しでも理解できるようにする。家庭で学習を進めてもらい、自作プリントで理解度をチェックする。

　章末に子どものための日本語教材のリストと教材やリソースが見られるWebサイトのリストを掲載してあります。上述の内容で支援を考えた場合にどんな教材を選んで使うとよいか、調べて検討してみましょう。

(2)「来日して1〜3ヵ月頃の小学校中学年から高学年ぐらいの児童が、給食の献立表を使って、知っている単語をピックアップする読み方に慣れるため」の支援を組み立てる。
　ここでは、教科書や日本語教材としてまとめられたもの以外を使った活動を紹介します。活動の流れと留意点、使用教材などを詳しく見てみましょう。

◆「給食の献立表」を教材とした活動例

「これ、おいしいですか」：給食の献立を読み取る	
活動の流れ	★留意点・◎教材
1）特定の食品が出る日を探す ・「今月の献立表」を見せ、次のように尋ねる。「パンの日はいつですか、ご飯の日はいつですか」 ・探せないときは、どこを見れば分かるかを指で示す。 ・子どもたちの好きなもの（例：いちご、カレーなど）が出る日を尋ねる。 2）特定の料理について、材料を読み取る ・「○日の『ちくぜんに』って何？おいしいですか」と尋ね、分からないときは「材料」の欄に注目させ、何が材料として挙がっているか理解する。 S1「にんじん、ごぼう、しいたけ、竹の子、とり肉…」 S2「とり肉、おいしい」 S3「たけのこ？分かりません」 T「じゃあ、辞書で調べてみよう」 S3（調べる）「ああ、分かった。…こんにゃく？」	◎実際に学校で配布されている献立表を準備しておく ★「○曜日」も可。指さしだけでも可。 ◎辞書（PCも可）準備 ★使えなければ練習も行う

…なんですか」 3）辞書を引いても分からないものは、宿題にするか、誰か（指導員、先輩児童等）に聞きに行かせる。以下、SたちはTAに聞きにいく。 S1「先生、『こんにゃく』、なんですか。おいしいですか」 TA「えぇとね、『こんにゃく』って、これ」 （写真を見せる） S2「…おいしい？」 TA「先生は好きです、おいしいよ。これはお醤油で煮てあるね」 S「…」 TA「この日のおかずにあるね、ここ（献立表を示す）。食べてみて、おいしいから」 S「はい」「ありがとうございました」	★◎誰かに聞く場合は前もってその人にその旨頼んでおく ★◎宿題では家族に聞いてくることとする ◎ネットなどで提示できる写真を準備しておく ◎児童と同じ献立表を準備しておく

S＝児童、T＝教師、TA＝ティーチング・アシスタント

　この活動例では、学校で子どもたちに配布されている給食献立表が教材として用いられています。実際に自分たちが食べる給食の中身に関して知ることになるので、興味も持てます。辞書（またはパソコンなど）を**教具**として準備することも示されています。そして、児童が質問をする相手（ここではTA）が配置されていますが、これも支援する側が準備した「教材」とも「教具」ともいえるでしょう。リソースと位置づけてもいいかもしれません。分からない単語を宿題として調べてくる場合には簡単なワークシートを作っておく、TAには課題を説明しておき、写真や献立表を渡しておくといった準備も必要になり、このワークシートや写真も活動を成立させるための教材といえます。

　このように見てくると、子どもの状況から活動と教材を選ぶということが具体的になってくると思われます。次の4節では、この点について、さらに進めて考えてみましょう。

 # 4. 子どものための日本語教材から考える

　子どものための日本語教材について知り、支援をする際にはどのようにして教材を選ぶとよいかを考えることは、子どものための日本語教育そのもの

の実情や課題について考えることに相当します。「日本語支援に充てられる期間が曖昧で内容が確定できない」「レベルも来日目的も多様な子どもが教室に混在している」「子どもが日本語学習に意欲的ではない」等々、現場から聞こえてくる「困り感」は子どもたちの多様性に起因するもののように思われます。しかし、本当の問題は、子どもたちが多様であることではなく、多様性を前提にできず、一律に一斉に教える型をもってしか対応できない現状にあるのではないでしょうか。

　今、子どものための日本語教育の課題は「何を」「どのように」教えるか、といった観点だけで議論していても解決には至りません。支援者が学習者である子ども一人一人の学びに注目して教えることができるような仕掛けが必要です[7]。この仕掛けを「教材」として捉えると、支援する立場で選んだり作成したりする教材は、「何を」「どのように」教えるための教材なのかを超えて、目の前にいるこの子どもは何のために日本語を学ぶのかを問うものとならなければなりません。それは、支援者自身が何のためにこの子どもに日本語を教えるのかを問うことも内包しています。教師や支援者が、「言語教育」をどのような営みと考えて教育実践を行っているのかが問われています。

　どうすれば「子どもの実態に根ざした教材」を選んだり作成したりすることができるのでしょうか。深澤・本田（2019）等を参考に、日本語教育における教材全般について押さえることで、この問いについて考えることができます。さらに、子どものための教材となれば、川上（2008）の「実践的教材論」が参考になるでしょう。そこでは、子どものための日本語の「教材」が次の三つの観点から論じられています。（1）子どもの発達の観点、（2）ことばの力をどう捉えるかの観点、（3）実践者が何をめざし実践するかの観点、です。「教材」とは教科書であれ自作教材であれ、「子どもを対象にした日本語教育の実践の中で、実践者と学習者の間で使用される学習素材」（p.12）と定義されています。そして、実践例の分析から、実践者が子どもをどう捉えているか、その視点が作成する教材やその教材を使って行う実践に影響す

7　子どもがどのように第二言語である日本語を身につけるのかについては、本書第7章を参照してください。子どもの第二言語習得にも個人差があることを前提に、一人一人に合った教材や教え方の工夫が必要だと考えます。

ることを示しています。

　この「実践的教材論」を具現化したものとして、人見・河上（2015）で示されている「ユニット教材」の例があげられます。ユニット「教材」といっても、教科書のような教材ではなく、さまざまな教材をモジュール式[8]で構成して利用する方法論のことをいい、高校での実践例とともに説明がなされています。理論的背景だけではなく、具体的な教材のサンプルも掲載されているので、それを見ることで「実践的教材論」でいう三つの観点について、また、その観点をもって教材を選んだり作成したりすることについて、自身の立場から検討できると思われます。

 もっと詳しく知りたい人のために

　最後に、ここまででは取り上げられなかったことで、子どものための日本語教材に関して重要な点を簡単に紹介しておきます。

　まず、海外で日本語を学ぶ子どもたちに関することです。本章ではここまで、国内の子どもを対象とした教材を巡って展開してきました。日本語を学ぶ学習者は世界中に存在しますが、実はその半数以上が、日本の小学校や中学校・高等学校に相当する学校に在籍している子どもたちです[9]。海外の日本語学習者に関することは国際交流基金が担っていて、どのような事業を展開しているかを Web サイト等で知ることができます。海外で日本語を学ぶ子どもたち向けの教材も開発して提供しています。そのうちの一つ、「エリンが挑戦！日本語できます。」は 2007 年に DVD 教材として市販された後、2010 年から Web 版が公開[10]されました。子どもたちが映像を通じて楽しみながら日本語を学べる教材です。このほかにも、オーストラリアやインドネシア、タイ等は中高生の学習者が多い地域であり、その地域の特色を生かした教材が作成され、使用されています。

　次に、**情報通信技術**（Information and Communication Technology [ICT]）

8　モジュール（module）は部品やパーツといった意味です。モジュール式の教材は複数のユニットで構成され、それらを順番に進めなくてもよい構造になっています。

9　国際交流基金「海外日本語教育機関調査」によります。<https://www.jpf.go.jp/j/project/japanese/survey/result/>（2021 年 11 月 2 日アクセス）

10　<https://www.jpf.go.jp/j/urawa/j_rsorcs/erin/>（2021 年 11 月 2 日アクセス）

との関わりについてです。ICT はさまざまな領域で取り入れられています
が、日本語教育の分野において、どのような考え方でどのような取り組みが
なされているかは、たとえば、當作監修（2019）で知ることができます。対
象が子どもたちとなった場合、ICT が認知発達や言語発達に及ぼす影響に関
する懸念も浮かびます。バトラー（2021）では、デジタル・テクノロジーと
習得との関連について、実証的な内容も含めて多様な話題で紹介されていま
す。そこからは、いかにテクノロジーが発達してもことばを学ぶことの本質
は変わらないはずだと理解できます（本書第 6 章 6 節も参照）。

　最後に、子どものための日本語教育に限らず、教材を作成するにも援用す
るにも、著作権に十分留意する必要があることを指摘しておきます。著作権
に関する具体的な内容は日々更新されますので、個別に具体的に注意してい
ただきたく、文化庁の Web サイト[11] を参照することを推奨します。

6. 子どもと一緒に考えよう
―学び手と共に作る教材―

　本章では子どもに日本語を教える際に使用する教材を概観し、それを通し
て子どもに日本語を教えるということそのものについても考えてきました。
最後に、これからの課題として「学び手と共に作る」という観点を挙げてお
きます。現在、子どもが主体的に学ぶことの重要性がさまざまに言われてい
ます。教材に関しても、教える人だけで決めたり作ったりするのではなく、
子どもと一緒に考えることもできるでしょう。教材のすべてにおいて子ども
の意見を取り入れるということではなく、たとえば、読むテキストや辞書で
調べる語彙を一緒に選ぶこともできます。子どもが書いた作文をもとにプレ
ゼンテーション用の資料を作成する、絵本を作って低学年の子どもに提供す
るといった活動はどうでしょうか。自分で描いた絵カードをカルタにする
と、より楽しく遊べます。すごろくを作るなら、各マスのタスクを文法クイ
ズにする、算数科の立体図形の学習で作った直方体をサイコロにするといっ
た工夫もできます。

11　<https://www.bunka.go.jp/seisaku/chosakuken/>（2021 年 11 月 2 日アクセス）

「目の前の子どもには合わない」ではなく、目の前の子どもには何をどうすれば日本語の学びが起きるのかを考えましょう。そして、子どもたちと一緒に考えたことが、ほんの少しでも教材に反映されていると、その学びが子どもにとってより意味があるものとなると思います。

引用文献

川上郁雄（2008）「実践と「教材」はどう結びつくのか―年少者日本語教育における「実践的教材論」の試み―」『WEB版リテラシーズ』5(2)、10-19. <http://literacies.9640.jp/dat/litera5-2-2.pdf>（2021年8月31日）

久保田賢一（2000）『構成主義パラダイムと学習環境デザイン』関西大学出版部

齋藤ひろみ（2019）「JSLの子どもを対象とする内容重視の日本語教育―日本国内の実践・研究の動向から―」『第二言語としての日本語の習得研究』第22号、10-27.

齋藤ひろみ（編著）、今澤悌・内田紀子・花島健司（著）（2011）『外国人児童生徒のための支援ガイドブック―子どもたちのライフコースによりそって―』凡人社

當作靖彦（監修）、李在鎬（編）（2019）『ICT×日本語教育―情報通信技術を利用した日本語教育の理論と実践―』ひつじ書房

バトラー後藤裕子（2021）『デジタルで変わる子どもたち―学習・言語能力の現在と未来―』筑摩書房

人見美佳・河上加苗（2015）「初等中等教育レベルの「教材」を捉え直す―「ユニット教材」の提案―」『ジャーナル「移動する子どもたち」―ことばの教育を創発する―』第6号、1-26. <http://gsjal.jp/childforum/journal_06.html>（2021年8月31日）

深澤のぞみ・本田弘之（2019）『日本語を教えるための教材研究入門』くろしお出版

文部科学省（2019）「「日本語指導が必要な児童生徒の受入状況等に関する調査（平成30年度）」の結果について」<https://www.mext.go.jp/content/20200110_mxt-kyousei01-1421569_00001_02.pdf>（2020年12月13日）

子どものための日本語教材の例（★＝本文中で言及した教材）

★有本昌代（2019）『外国人生徒のための教科につなげる日本語　基礎編』スリーエーネットワーク

★庵功雄（監修）、志村ゆかり（編著）（2019a）『中学生のにほんご　学校生活編―外国につながりのある生徒のための日本語―』スリーエーネットワーク

★庵功雄（監修）、志村ゆかり（編著）（2019b）『中学生のにほんご　社会生活編―外国につながりのある生徒のための日本語―』スリーエーネットワーク

★池上摩希子・大蔵守久（2001）『子どもといっしょに！　日本語授業おもしろネタ集』凡人社

★大蔵守久（1999）『日本語学級〈1〉　初級必修の語彙と文字』凡人社

　大蔵守久（1999）『日本語学級〈2〉　基本文型の徹底整理』凡人社

　大蔵守久（2000）『日本語学級〈3〉　足し算・引き算　日本語クリアー』凡人社

……「教科書導入書」もしくは「教科書への橋渡しテキスト」として位置づけられていて、小学校1年から3年の「足し算・引き算」をわかりやすくイラストで解説しています。

★国際交流基金日本語国際センター（2005）『児童・生徒のためのわいわい日本語活動集―外国人の子どものための日本語―』スリーエーネットワーク

国際日本語普及協会（2004）『かんじ　だいすき（一）―日本語をまなぶ世界の子どものために―』……小1の80字を取り上げています。

国際日本語普及協会（2008）『かんじ　だいすき（二）―日本語をまなぶ世界の子どものために―』……小2の160字を取り上げています。

国際日本語普及協会（2009）『かんじ　だいすき（三）―日本語をまなぶ世界の子どものために―』……小3の200字を取り上げています。

＊以降、（四）〜（六）までで全1026字を収録。指導書やカード教材のほか、（四）〜（六）は英訳・ポルトガル語訳版もあります。「かんじだいすきシリーズ」<https://www.ajalt.org/textbook/kanji/>

国際日本語普及協会（2010）『〈中学に向けて〉日本語をまなぶ世界の子どものために　かんじだいすき―社会・理科編―』……小学校で習う1006字が中心です。

国際日本語普及協会（2011）『〈中学に向けて〉日本語をまなぶ世界の子どものために　かんじだいすき―国語・算数編―』

国際日本語普及協会（2014）『〈中学に向けて〉日本語をまなぶ世界の子どものために　かんじだいすき　練習帳―社会・理科編―』

★佐藤郡衛（監修）（2005）「外国人児童の「教科と日本語」シリーズ」スリーエーネットワーク……『小学校「JSL国語科」の授業作り』など、全5冊のシリーズです。

佐藤郡衛・齋藤ひろみ・高木光太郎（2005）『小学校JSLカリキュラム「解説」（外国人児童の「教科と日本語」シリーズ）』スリーエーネットワーク

★田中薫（2015）『学習力を育てる日本語指導―日本の未来を担う外国人児童・生徒のために―』くろしお出版

★田中薫（監修）、とよなかJSL（著）（2022）『学習力を育てる日本語　教案集―外国人児童・生徒に学び方が伝わる授業実践―［第2版］』くろしお出版

★根本牧・屋代瑛子（1986）『ひろこさんのたのしいにほんご1』凡人社

根本牧・屋代瑛子・永田行子（2011）『ひろこさんのたのしいにほんご2［増補第2版］』凡人社

春原憲一郎・谷啓子（監修）、池上摩希子・尾関史・谷啓子・矢崎満夫（著）（2009）『こどもにほんご　宝島―自分のこと　友だちのこと、きこう　話そう！―』アスク出版

樋口万喜子・古屋恵子・頼田敦子（編著）（2011）『進学をめざす人のための教科につなげる学習語彙6000語』ココ出版

ひょうご日本語教師連絡会議子どもの日本語研究会（2002）『こどものにほんご1―外国人の子どものための日本語―』スリーエーネットワーク……成人用の『みんなの日本語』で提示される文型に沿っています。

光元聰江・岡本淑明（2016）『外国人・特別支援　児童・生徒を教えるためのリライト教材［第2版］』ふくろう出版

★文部省（1992）『にほんごを　まなぼう』ぎょうせい

文部省（1993）『日本語を学ぼう 2』ぎょうせい……小学校中学年から中学生までの児童生徒が、社会・算数・理科の学習を理解し習得できることを目指しています。

文部省（1995）『日本語を学ぼう 3』ぎょうせい……小学校 5・6 年生の算数・理科・社会などの学習を理解するための内容です。

◆ Web サイトの例（すべて 2021 年 8 月 31 日閲覧）

○公的なもの

　＊文部科学省

　　「外国につながる子供向けの教材が知りたい！」<https://www.mext.go.jp/a_menu/ikusei/gakusyushien/mext_00663.html>

　　「こどもの日本語ライブラリ」<http://www.kodomo-kotoba.info/>

　　「かすたねっと」<https://casta-net.mext.go.jp/>

○研究会や大学の例

　＊母語・継承語・バイリンガル教育(MHB)学会海外継承日本語部会「リンク（教材・素材など）」
　　<https://sites.google.com/site/keishougo/materials>

　＊愛知教育大学「外国人児童生徒支援リソースルーム」
　　<https://resource-room.nihongo.aichi-edu.ac.jp/about/>

○各地域の例

　＊神奈川県立地球市民かながわプラザ（あーすぷらざ）

　　「外国人児童用教科指導おすすめ教材一覧（小学校編）」<https://www.earthplaza.jp/ep/pdf/forum/foreign_education/kyoukashidou-kyouzai-shougakkou.pdf>

　　「外国人生徒用教科指導おすすめ教材一覧（中学校編）」<https://www.earthplaza.jp/ep/pdf/forum/foreign_education/kyoukashidou-kyuozai-chuugakkou.pdf>

　＊「自治体国際化協会（CLAIR ／クレア）」<http://www.clair.or.jp/index.html>
　　　……この Web サイトから各地域の国際交流関係のサイトが探せます。たとえば、外国人が多い地域の例として、静岡県国際交流協会のサイトでは次のような資料が見られます。
　　　「年少者向け教材」<http://www.sir.or.jp/files/user/sir/PDF/lend/lend_j002.pdf>

第5章

教科学習と日本語学習をつなぐ

齋藤ひろみ

Q

　日本語を学習中の子どもたちは、教科等の学習で困難に直面するケースが少なくありません。教科の知識・技能と見方・考え方を育み、日本語の力を高めるために、どのように学習の場をデザインし、実施することが期待されるのでしょうか。

A

　内容（教科）と日本語の統合学習の考え方で授業を実施します。重要な点は、教師が説明して理解させるのではなく、知的な関心を掻き立て、観察、分析、創作等の各教科の探究活動を通して、気づき、理解できるようにデザインすることです。子どもの日本語の力に合わせて表現を選ぶことに加え、経験と培ってきた教科等の知識・技能、学習する力を活性化して学習に参加できるように活動を工夫します。活動で得た気づきを「ことば」に結びつけ、そのことばによる「相互作用」を通して「内容の理解」と「思考」を促すことが教師の役割です。

1. 内容の学習と日本語の学習の統合

1.1 内容重視（Content-Based）の考え方

国内の子どもの日本語教育は、川上（2006）、齋藤・佐藤編（2009）、山ノ内・齋藤（2016）に見られるように、既に40年程の歴史をもちます（本書第2章3.2節参照）。その課題は多岐にわたりますが、南米からの日系の子どもたちが増加した1990年代以降、一貫して問題となっているのが**教科学習**等に参加するための日本語の力を育成することです。いわゆる**学習言語能力**（本書第6章参照）の習得と思考する力、学力を高めることが課題となっています。そのための言語教育の方法論として、1990年代後半には**内容重視の言語教育**（Content-Based Instruction [CBI]）に基づく試みが始まりました。この方法論には、北米でイマージョン教育が言語と教科とを統合した教育によって成果を上げてきたという歴史的背景があります（本書第7章6.1節も参照）。

CBIの根底にある考え方は、言語形式と意味は不可分であり、言語発達と認知発達を切り離さないということです。子どもの学習言語能力を高めるには、内容としての教科等の**文脈**が不可欠であり、その文脈に埋め込んで日本語を学習することが重要です。教科等の**探究活動**に参加しながら、内容を理解し、ことばも学ぶのです。教科の用語や表現のみを切り出して、つまり教科学習の文脈がない状況で、単語の意味を説明し、文法規則などを発話や文づくりで繰り返し練習をさせる教育ではありません。教科等と日本語の学習を統合した学びの場をデザインします。また、学習を個人の知識獲得ではなく、学習共同体による**協働**の活動への参加によって構築されるものと考えます。より熟達した仲間や支援者（教師）による**スキャフォールディング**（足場架けの支援）を得て課題を遂行することを重視します。その過程で生じる仲間との相互作用によって学びが自身のものになり、自力で問題解決ができるように活動を組み立てます。

1.2 CBI のねらいと実施形態

1.2.1 三つのモデル

CBI は内容の選択も実施形態も多様です。教育目標等によって、トピックやテーマを内容とする場合も、教科内容を内容とする場合もあります。実施形態も内容の選択と関連しますが、Brinton et al.（1989）は三つに分類しています。一つ目が、言語クラスでテーマを巡って言語活動を行い、言語技能・機能を獲得することをねらいとするテーマ・ベースモデル（Theme-Based Model）です。二つ目が、言語クラスで教科内容の習熟をねらいとするものでシェルターモデル（Sheltered Model）です。三つ目が、アジャンクトモデル（Adjunct Model）で、言語クラスと在籍する一般クラスが連携して実施します。言語クラスでは言語技能・機能の習得が、一般クラスでは内容の習熟がねらいの中心となります。

1.2.2 内容主導か言語主導か

CBI は内容と言語の両方の習得を促進することが基本理念になっており、**「内容と言語の統合学習」**（以下、「統合学習」）として、いかにデザインするかが問われます（本書第 4 章 2.2 節も参照）。また、内容、実施形態の決定には、内容理解と言語学習のいずれを中心に据えるかが要点となります。Met（1998）は、CBI の内容と言語形式との関係について、内容主導型（content-driven）と言語主導型（language-driven）の二つの極を持つ連続体で説明をしています（図 1）。内容と言語形式を含んでいる矢印の部分がその連続体です。

図 1　CBI のイメージ　言語主導か内容主導か（連続体）
（Met（1998）をもとに筆者作成）

矢印の右端が内容主導で、内容に重点が置かれ目標言語で内容を習熟する

ことが主目的の典型的な CBI です。左端は言語学習を主目的とし、内容を
言語コミュニケーションの経験のために位置づけるものです。CBI は、実施
条件やコース全体のねらい、クラス・授業の目標などによって内容と言語形
式への重きの置き方はさまざまですが、その比重によって、この連続体上に
位置づけられます。

1.2.3 国内の CBI

　国内の子どもの日本語教育においては、CBI は 1990 年代後半からイン
ターナショナルスクールや中国帰国者定着促進センター（本書第 2 章 3.2 節
参照）で導入されました。その後、NPO 法人子ども LAMP などにより、内
容、日本語に加え、母語の発達をもねらいとする試みも見られるようになり
ます[1]。そして、文部科学省による「**JSL**[2] **カリキュラム**」（詳細は後述）の開
発・普及によって、「教科等の内容と日本語の統合学習」として学校教育の
現場にゆっくりとですが広まってきました。近年は内容言語統合型学習
（Content and Language Integrated Learning [CLIL]）がヨーロッパから紹介
され、英語教育、留学生の日本語教育等で積極的に導入されています。

　以下では、統合学習として学校現場に導入されている「JSL カリキュラム」
について、考え方、授業づくり、支援方法を簡単に解説します。

 ## JSL クラスにおける「内容と日本語の統合学習」

2.1　JSL クラスのプログラム

　国内の学校では、日本語指導の担当教員の配置、あるいは教育委員会から
の指導員派遣がある場合、多くは在籍学級とは別室で日本語指導や学習支援

1　国内の子どもの日本語教育における CBI の実践展開については、齋藤（2019）に詳しくあり
　ます。NPO 法人 LAMP の母語発達をもねらいとした実践は「母語・日本語・教科相互育成
　学習モデル」によります。「子ども LAMP」<http://kodomo-lamp.or.jp/index.html>（2022
　年 3 月 17 日アクセス）
2　「第二言語としての日本語」を意味する Japanese as a Second Language の頭文字を取った略
　語。

が行われています（本書第2章4節参照）。本章では「JSLクラス」[3]と呼びますが、そこでは子ども一人ひとりについて、個別の指導計画（コースデザイン）を立てて日本語指導を行うことが期待されます。コースデザインにおいては、文部科学省が示す日本語プログラム等を組み合わせて設計することが奨励されています。たとえば、来日直後の初期段階では、「サバイバル日本語」プログラムと呼ばれる、学校や社会生活を送るために必要な日本語の指導が行われます。また、「日本語基礎」として、日本語の発音、文字・表記、語彙、文型等の構造を体系的に学ぶプログラムも並行して実施されます。日常の会話が一定程度できた時期から、「技能別日本語」と「内容と日本語の統合学習」プログラムの実施が奨励されています。「技能別日本語」は、日本語基礎で文構造の基礎的な知識が身についたころに、文章・談話を読む・書く力に焦点を当てて学習します。「統合学習」では、文部科学省が開発した「学校教育におけるJSLカリキュラム」[4]（以下「JSLカリキュラム」）が行われています（本書第4章2.1節も参照）。

　これらのプログラムを図1の連続体に照らして捉え直すと、次ページの図2のような位置づけになります。「統合学習」としての「JSLカリキュラム」以外のプログラムも、子どもの言語運用の力を高めるために、内容に関連付けて実施されています。

　「サバイバル日本語」は、「トイレ、いい？」「おなか、いたい」などの健康・安全、「4時間目はなに？」「先生、どこ？」などの学校生活、「けしゴム、貸して。ありがとう」などの関係づくりに関わる場面でシラバスが構成されます。学校生活・文化を内容とし、直面する問題場面の解決に必要な日本語を学習するプログラムです。初めて日本語を学ぶ子どもですので、音を聞き分ける、文字を識別する、適切に発話することも必要ですから、言語形式も重視されます。

3　在籍する一般クラスとは別の場所で日本語指導を行う場合「取り出し指導」と呼び、一般クラスで対象の子どもの傍らで支援する形態を「入り込み指導」と呼ぶことが多いですが、本章では、取り出し指導を「JSLクラス」と呼ぶことにします。第1章の国際教室もJSLクラスです。

4　小学校編（2003年）と中学校編（2007年）が開発されています。なお、筆者は開発メンバーの一人として開発と普及に関わっています。ここでは、文部科学省報告書に基づき「JSLカリキュラム」を紹介しますが、一部筆者の解釈や補足を加えました。

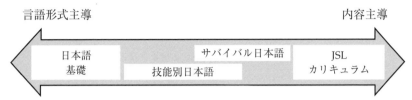

言語形式主導　　　　　　　　　　　　　　　　　　　　内容主導

| 日本語 基礎 | サバイバル日本語 | JSL カリキュラム |
| 技能別日本語 |

図2　CBI の連続体（言語主導か内容主導か）上の各プログラムの位置
（Met（1998）を参考に筆者作成）

　「日本語基礎」「技能別日本語」に関しては、言語習得が主目的です。ただし、学んだ日本語を子どもたちが日々直面する問題解決・課題達成のために運用できるように、学校や社会生活の場面やトピックを取り上げ、教科に関連付けたタスク型の活動を行うことが求められます。これらの内容に関連付けることで、言語主導型の「統合学習」という色彩を帯びます。

　JSL クラスでの指導時間が十分に確保できない、指導できる教員がいないために内容主導である「JSL カリキュラム」が実施しにくいという学校もあります。その場合も、「日本語基礎」プログラム等で、教科等の内容を関連付けて言語主導の「統合学習」を実施することはできます。来日前に母語で学んだ教科内容や学習経験を取り上げて日本語でどのように表すかを学ぶことで、日本語でその内容を理解・表現できるようになり、教科等の学習への参加が後押しされます。

2.2　「JSL カリキュラム」

2.2.1　「学ぶ力」の育成

　文部科学省開発の「JSL カリキュラム」は、CBI の考え方に基づき開発されています。「学習活動に参加するための力」を「学ぶ力」と呼んで、その育成を目指しています。学ぶ力には、体験を日本語で表現すること、学習の過程や結果を日本語でまとめること、学習したことを他者に向けて伝えることなどが含まれます。また、違いを見つけたり関連付けたりする力、つまり思考の力も含まれます。その育成には、教科等の学習文脈から日本語を切り出さず、埋め込んで学べるように、日本語と教科等の内容を統合した学習の機会を提供することが必要だとしています。

カリキュラムは、小学校編では「トピック型」と「教科志向型（国語、社会、算数、理科）」が、中学校編では「教科志向型（国語、社会、数学、理科、英語）」が提案されています。「トピック型」は、トピックを設定し、それをめぐる学習課題の探究過程で、他の子どもと関わりながら活動に参加し、教科に共通する学ぶ力を育むことがねらいです。「教科志向型」は、各教科固有の学ぶ力の育成を目指しています。教科の領域、学習単元、内容を選定し、その学習活動への参加により内容理解を促します。

2.2.2　授業設計の要点

　小学生か中学生か、またトピック型か教科志向型かに関わらず、授業づくりにおいては、第一に、具体物・直接体験などによる活動に支えられた学びを重視します。それによって、日本語のみでは難しい既有知識の活性化、新たな課題・内容の理解を可能にします。第二に、教科の基礎となる活動（観察・情報収集・推測等の探究）を組み込みます。教科等で行われる探究型の諸活動を通してその内容を理解することができ、また、この経験を通して探究する力と思考する力が高まります。それには、当然ながら、適切な支援が必要となります。第三に、子どもの日本語の力と認知面の発達に応じて日本語の理解や表現を支援します（本書第3章も参照）。理解可能な日本語に調整することにより、学年相当の内容の理解が促せます。そして、探究活動で理解したことを表す日本語を提示し、言語で表現させます。理解がことばに結び合わさることで、既存の認知構造に組み入れられ、力になります。

　授業を設計するには、次の点を具体的に構成する必要があります[5]。

①内容の選定：子どもの学習経験や学力に鑑みて決定する。
②目標：具体的な行動目標として設定する。
　　　　教科等の内容面の目標に加え日本語の目標も設定する。
③授業展開（トピック型の場合）
　次の三つの局面で、学習活動を構成する。
　　体験：既有知識・経験を活性化して日本語で表現する。

5　この5点は、文部科学省の報告書（小学校編・中学校編）をもとに筆者が簡潔に整理したものです。

探求：具体物や直接的体験の支えのある活動で課題について調べ、
　　　　　理解する。
　　　発信：気づき・わかったことを日本語で表現し、他者に伝える。
　　　　　（**話しことば**から**書きことば**へ、表し方を転換する）
　④各活動に子どもが参加するための日本語の表現を設定する。
　　　各活動のねらいと子どもの日本語の力に応じて選定する。
　　　（探究活動は双方向の表現、まとめて発信する活動では書きことばや
　　　教科等の表現）
　⑤学習活動への参加の支援方法を決定する。
　　　理解支援：日本語の理解を促す。
　　　表現支援：日本語で表現するのを補助する。
　　　記憶支援：覚えやすい、思い出しやすいようにする。
　　　情意支援：気持ちや意欲などを配慮する。
　　　自律支援：自律的に学ぶ力、自分で解決する力を高める。

2.2.3　ツール・リソース

　「JSL カリキュラム」は、子どもと現場の多様性を考慮し、固定化した指
導項目や教材等の提供はしていません。それに代わって、個に応じて実施す
るためのツールとリソースが提供されています。AU（Activity Unit）、日本
語支援の考え方と方法、活動案・事例、中学校編の母語訳などです。中でも
このカリキュラムを象徴するのが AU ですが、各教科の活動を抽出して整理
し、それに日本語表現を合わせたものです。授業を組み立てるうえで、どの
ような活動を組み合わせ、その活動に参加するための日本語表現をどう設定
するかを決定するときにヒントになります。日本語表現は、一般に授業で使
用される表現と、バリエーションとして、語彙、文構造などを子どもが理解
できるようにやさしく言い換えた表現が例示されています。

3. 「JSL カリキュラム」 （内容と日本語の統合学習）の実践事例

　小学校の JSL クラスで行われた二つの実践例を紹介します。いずれも筆者

が直接参観した授業です。対象の子ども、授業の目標、授業展開について簡
単に説明し、子どもたちが学習に取り組んでいる姿を描きます。

3.1 興味・関心を出発点に、調べる・書く
—小学1年生を対象とする国語科と日本語の統合学習—

　福岡市立筑紫丘小学校（実践時）の原田徳子先生が、小学1年生の中国人
児童を対象に実施した国語科の「JSL カリキュラム」の授業です。国語科の
「しらせたいな、見せたいな」（光村図書『こくご上』）という単元です。関
心をもった生き物について観察したり調べたりして、気づいたこと・分かっ
たことを絵と文で伝える活動です。在籍学級での学習（3時間）の後に JSL
クラスで実施されました。学校で見つけた「めだか」について調べ、「めす」
と「おす」の違いに関して分かったことを絵作文に表します。

〈授業の概要〉「しらせたいな、見せたいな」

対象：傑さん（仮名）　日本で生まれ、その後、半年単位で中国と日本を行き来する男子児童。家庭内言語は中国語で、会話ができ、ピンイン（中国語の発音表記記号）の読み書きができる。日本語では関心事について会話ができ、ひらがなを書くことができる。在籍学級のこの単元の授業では、生き物の観察も、作文を書くこともできなかった。
目標：生き物について観察したり調べたりしたことについて詳しく書くことができ、間違いがないか確かめながら書いた文を読むことができる（国語科の目標）。目で捉えたこと、調べて分かったことをやりとりし、「〜は〜が〜です」という文型を使って書くことができる（日本語の目標）。
活動展開： ①学校で見つけたメダカが雄なのか雌なのか、関心を持ったことを思い出す。 ②メダカの動画や画像を見て、雄と雌の特徴を調べる。 ③学校のメダカは雄か雌か、②で調べたことを基に判別する。 ④③で話し合ったことを口頭で文にした後、作文を書く。 ⑤作文に、メダカの絵を描いて添える。 ⑥担任の先生に伝える練習をする（作文を音読する）。

3.1.1 児童の参加の様子

　1ヵ月ほど前、傑さん（仮名）は、職員室前の廊下に置かれていた水槽の
メダカに気づき、興味深げにのぞき込み、「おす？　めす？」と原田先生に
尋ねたそうです。①の活動は、そのことを思い出し、今日の課題を把握する

活動です。先生は、メダカの写真と文字カードを貼って、「これは何？」「おす？」「めす？」と問いかけます。水槽のメダカを思い出して応じる傑さんに、原田先生は、メダカの雄と雌の違いを調べてみようと働きかけます。そして、準備しておいた雌雄のメダカの写真を見比べさせます（写真1）。「おすとめす、どこが違う？」「そこは背びれだよ、どっちが長い？　おす、めす？」と、メダカの体の部位やその名称（写真にひらがなで書き入れてある）を指差しながら、雌雄の違いに気づかせていきます。

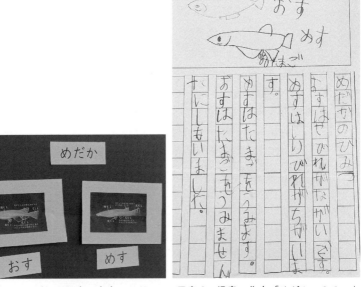

写真1　めだかの写真・文字カード　　写真2　児童の作文「めだかのひみつ」

次に、タブレットで動画や写真を見ながら、写真を見比べて気づいた雌雄の違いを確かめます。タブレットに見入る傑さんに、先生は「おすはどこが長い？」と問いかけます。「せびれ、長い」「しりびれ、ちがう」と傑さんは雌雄の違いを声にします。「そう。めすは、しりびれが切れていますね」と先生が応じます。そして、学校のメダカが雌であることを確認します。

次の④の活動で、写真やタブレットの動画を見て調べたことを、まずは先生の問いに口頭で答え、次に作文用紙に書いて、「知らせたいこと」を文に

しました（写真2）。書くことは傑さんには容易なことではありません。2文目まで書き終えたところで集中が途切れてしまいます。立ち上がり、近くにあった動詞カードを手に取って、ペラペラと所在なげにめくり始めます。先生の声がけにも応じるそぶりはありません。そのとき偶然にも「うみます」という動詞カードが出てきます。先生の「おすは、たまごをうみますか？」という問いに、アッと何かに気づいたような表情で「ううん」と答えると、サッと鉛筆を持って再び書き始めます。そして、「めすはたまごをうみます」と一気に書き進めました。

写真3　助詞カードフォルダー　　写真4　○に助詞カードを貼って確認

　こうして出来上がった作文から、原田先生は作文の最初の2文を抜き出し、助詞の「は」と「が」を○枠で抜いてホワイトボードに板書しました。そして、助詞を書き入れる○を指差しながら、「おす、せびれ、長いです。ここは、何がいいかなあ？」と問いかけます。傑さんは教室に常備してある助詞カードフォルダー（写真3）から迷わず「は」「が」のカードを手にとり、ホワイトボードの○に貼り付けます（写真4）。そして、「おすはせびれが長いです」と読み上げます。最後に、原田先生は傑さんに、担任の先生に

「めだかのひみつ」を聞いてもらおうと働きかけ、「田中先生（担任の先生の仮名）も、うれしいよ」と、作文の音読を促します。

3.1.2　この実践に学ぶ

　原田先生は1ヵ月前の出来事から傑さんの興味・関心を捉え、疑問を調べて解決する活動として授業を展開しています。国語科の単元「しらせたいな、見せたいな」が、子ども自身の知的好奇心に合致した学習の場になっています。また、メダカの写真を見比べたり、動画で観察したりと、視覚情報や体験的活動の支えのある中で認知的にも負荷のある探究活動で組み立てられており、その参加を促す教材も準備されています。

　また、探究活動時の子どもの気づきを、文字カードや写真の書き込みにより、「しりびれ」「せびれ」「ながい」「ちがう」等のことばに結び合わせていますし、適切な表現を聞かせるなどして繰り返しインプットしています。メダカの雌雄の違いを調べるという子どもの探究のプロセスを維持しながらフォーカス・オン・フォーム（本書第7章6.1節参照）が行われていました。傑さんは、語彙カードや部位の名称入りの写真を参照しながら作文を書いています。意味と形式のマッチングができているからこそ、適切にことばを選択し、作文で利用できたと考えられます。

　ゴールは、在籍学級の担任に作品「めだかのひみつ」をお話しすることです。在籍学級で十分にはできなかった課題が、JSLクラスで学びを重ねて達成できたことを、担任教員に伝えることもまた、傑さんにとっては自己効力感に結びつくと考えられます。

3.2　実験での気づきを伝え合い、考えを表現する
　―小学5年生を対象とする理科と日本語の統合学習―

　羽村市立松林小学校（実践時）の千葉多恵子先生が、在籍学級の理科の学習に先行して、取り出しの日本語教室で実施した「JSLカリキュラム」の授業です。対象児童は小学3、4年で「明かりをつけよう・磁石をつけよう」「電気の働き」を学んでいますが、その時点での日本語の力では理解が十分ではありませんでした。そこで、在籍学級の5年理科の単元「電流が生み出

す力」の学習に向けて準備性を高めるために、下学年の学習内容で構成されています。

〈授業の概要〉「電気と磁石の性質」

対象：5年児童2名。アンさん（仮名）はペルー出身で母語がスペイン語。4年まではほとんど発話が見られなかった。エミさん（仮名）は中日の国際結婚家庭の児童、日本語では意志疎通が難しい場面がある。二人とも低学年で編入し、クラスで3、4年生の理科の学習をしている。クラスメイトと一緒に活動はできるが、筋道立てて考えて自分の意見を持ち、それを伝えるには困難が大きい。
目標：〈理科〉電気の通り道を考えてモーターの回る回路を作成し、電流の向きとモーターの回る向きの関係を理解することができる。 〈日本語〉友達の考えを聞いて自分の考えに生かして実験を行い、用具の名称や回路・電流などのことばを使って、結果や考えたことをまとめることができる。
活動展開： ①実験用具の名称を確認し、めあて「モーターを回して電気のはたらきを考えよう」を確認する。 ②回路を組み立て、プロペラを回す。 ③プロペラの回る方向と電気の流れについて実験で確かめる。 ④今日の実験で分かったことをまとめる。

3.2.1　子どもたちの参加の様子

　千葉先生は、めあてを伝えると、さまざまな実験器具の写真カードと用具名カードを示して「今日、使うものはどれですか？」と問います。二人は、「モーター、豆電球、乾電池……」と用具名を言いながら写真とカードをマッチングします（写真5）。

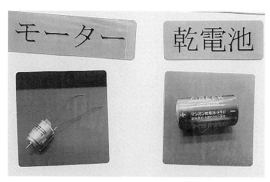

写真5　用具の写真カードと用具名カード

「モーターと電池をつないで回して
みよう。モーターはありますか？プロ
ペラをつけて」と先生は働きかけま
す。二人はモーターとプロペラをつな
ぎ、電池をカセットに入れて、導線を
結んで……互いに相手のつなぎ方を参
考に、試行錯誤しながら回路を組み立
てていきます。

> エミ：涼しい！
> アン：すごい。風が出てる。（手を自
> 分のプロペラに当てて）こっちは
> 涼しくない！
> 先生：よく見て！（プロペラを指差
> して）
> エミ：止まり方が違う！
> アン：回る方向？
> エミ：（アンのを指して）こっちは
> こっち。（エミのを指して）こっち
> はこっち。

　プロペラが回るとエミさんは「涼し
い！」と声を上げます。一方、アンさんのほうは、プロペラは回っているの
に涼しくないとがっかりします。しかし、「よく見て！」という先生の声
で、二人はプロペラの動きを見比べ、互いの発言をヒントに、プロペラの回
転の向きが違うことに気づきます（上の会話参照）。

　そこで、先生は「では、問題です。モーターの回る向きを変えるにはどう
すれば良いですか？」と問いかけます。アンさんは「えーと、電池の向き、
えっと、あのー変えるの、違うほうに変えたらどうだろう」と電池を入れ替
え始めます。エミさんは「それに導線をつないで」と二人でアンさんの回路
をつなぎ直しました。すると風が流れ「向き、変わった！」「涼しい！」と
顔を見合わせます。その後も、二人は何度もつなぎ直して回転の向きが変わ
ることを確認します。

　次に、検流計で電流の向きを確かめる活動をしました。先生は、二人が組
み立てた回路を、器具の写真を並べてホワイトボードに再現し、どこに検流
計を置くかを問いかけて組み立てさ
せます（写真6）。そして、検流計
の針を、傾きと電流の向きの図（写
真7）を参照させて読み取らせま
す。何度か読み取りを繰り返した
後、先生が「何が変わったの？」と
問うと、アンさんは「電流の向き」
と答え、乾電池のプラス・マイナス
の向きを変えると電流が流れる向き

写真6　児童が組み立てた回路・検流計

も変わることを理解します。

写真7　検流計の見方

~すると、~して、~ます。

乾電池 の向きを変えると、電流 の向きも
変わって、モーター の回る向きも変わります。

写真8　二人の発言をつないだまとめ
（板書）

　まとめの活動では、「乾電池」「回
路」「電流」「モーター」のカードと、
日本語の表現「～すると、～して、～
ます。」がホワイトボードに提示され
ています。二人はそれを頼りに、考え
を声にします。相手の発言を受け、自
分の考えを加えながら文にしていきま
す（会話参照）。そして、二人が紡い
だ文が「乾電池の向きを変えると、電
流の向きも変わって、モーターの回る
向きも変わります」です（写真8）。

〈まとめの活動の会話〉
アン：乾電池のプラス・マイナスを
　　　変えると…、これなんだっけ？（プ
　　　ロペラを指す）
エミ：プロペラ。
アン：モーターの。
エミ：モーターの向き？
アン：向きでいいんじゃない。モー
　　　ターの回る向き、向きも変わる。
エミ：いい感じ。
先生：（「～すると、～して、～ます」
　　　のカードを指さす）
アン：変えると変わります。

3.2.2　この実践に学ぶ

　エミさんもアンさんも、試行錯誤しながら回路を組み立て、乾電池のプラ
ス・マイナスの向きを変えてプロペラの動きを比較しながら観察し、検流計
で電流の流れを読み取ってと、自身で用具を操作して実験しています。その
過程で発見があり、疑問を抱き推論し、それを確かめるために調べるという
活動を繰り返しています。この間も、千葉先生は説明をせず、二人が自身で
気づくように、問いかけや示唆によりスキャフォールディング（1.1節参照）
をしています。
　子どもたちが実験・操作活動で動かした思考は、先生の問いかけの表現や
図・文字カード・板書等によるフォーカス・オン・フォームが助けとなり、
ことばになっていきます。児童の一方が気づきや考えを声に出せば、もう一

方がそのことばを取り込んで思考を展開していきます。二人は**対話**によって、プロペラの回転の向きと乾電池の向き、そして電流の流れの向きとを関連付け、「電気の性質」を理解していました。ここには、協働による学びが見られます。

二人がこの授業で得た実験活動への参加の仕方と、電気の性質に関する知識は、在籍学級での5年理科の「電流が生み出す力」では学習の基礎となり、参加を後押しすることでしょう。

4. 自律した学び手として 社会を生きるための「ことばの教育」

対象となる子どもたちの実態やそれぞれの教育現場の状況に応じてCBIは実施されています。そこで重視したいことは、3節の二つの事例からも示唆されることですが、子どもたちの知的好奇心や持っている力を引き出し、それを発揮して学びに向かう学習の場として、内容と言語の統合学習をデザインすることです。その文脈には、問題を解決したり判断したりすること、目標をもって行動すること、そして、仲間や社会との相互作用と子ども自身が学びをデザインする機会を織り込みましょう。それによって、ことばの学習が子ども一人ひとりにとって意味を持つようになります。また、Cammarata（2016）はCBIを、文化意識、環境、民主主義への脅威等を認識し、批判的な見方を育むための言語教育のカリキュラム設計のモデルになるとします。言語的文化的に少数派であることで、子どもたちは社会の構造上のひずみに正面から立ち向かわざるを得ない場面が少なくないでしょう。社会を批判的に捉えると同時に、その一員として自己を実現し、また、市民として社会をより良い世界へと変えていくためにも、自律的な学び手としてことばを学び続ける力は重要です。内容と言語の統合学習に、そうした力を育む可能性を探っていきたいと思います。

もっと詳しく知りたい人のために

　文部科学省が提示している日本語プログラムについては、文部科学省 (2019)『外国人児童生徒受入れの手引［改訂版］』を参照してください。また、齋藤ほか（2011）に、それぞれのプログラムの解説や年齢・滞日期間別のコース設計例が示されています。全体のプログラムに位置づけて「JSL カリキュラム」を導入・実施するために参考にしてください。「学校教育における JSL カリキュラムの開発について（小学校編）」、「学校教育における JSL カリキュラム（中学校編）」の報告書は、文部科学省の Web サイトで公開されています（文部科学省、2003; 2007）。開発経緯・成果物、事例、用語の多言語訳、日本語支援の方法等の情報が含まれています。そのほか解説書として『小学校 JSL カリキュラム「解説」』（佐藤ほか、2005）があります（「外国人児童の「教科と日本語」シリーズ」の 1 冊で、小学校編の 4 教科に関する授業づくりのための図書も同時に発行されています）。その理論的な支えに関しては齋藤（2009）で、実践事例は齋藤・佐藤編（2009）や齋藤ほか編（2015）で紹介されています。このほか、中国帰国者定着促進センターにおける CBI の実践は同センターの紀要に複数掲載されています[6]。日本語・母語・教科相互育成学習モデルとしての取り組みは清田（2007）、リライト教材を利用した在籍学級との連携の事例としては光元（2014）が参考になります。国内の子どもの日本語教育における CBI の実践展開については、岡崎（2002; 2010）、川上（2002）、齋藤（2019）を参照してください。

 統合学習のデザイン
　―文脈づくりとスキャフォールディング―

　本章では、国内の小中学校で導入されている「内容と日本語の統合学習」である「JSL カリキュラム」を中心に紹介しました。学習言語能力を育み、学力や思考力を高めることが主なねらいとなっています。それは、内容を教科の知識やスキルに閉じ、筆記テストで問われる力のみに囚われていては、

6　「旧中国帰国者交流支援センター「紀要」」<https://www.kikokusha-center.or.jp/resource/ronbun/kiyo/kiyo_top.htm>（2022 年 10 月 25 日アクセス）

決して達成できません。子どもの成長・発達という時間軸と、社会との相互作用という空間軸を常に意識しながら、今、この子どもが持つ経験や本来の力を学習面で発揮できるようにエンパワーメントするために、内容を選択し、その探究のための活動を組み立てるようにしましょう。それが、ことばを文脈に埋め込んでという場合の「文脈」になります。

　教師の役割として重要な点が四つあります。その学習の文脈において、視覚情報、図式化、操作や体験的活動により思考と理解を支援すること。思考や気づきを表現するための語や表現を提示して意識化させたり（フォーカス・オン・フォーム）言語以外の表現手段を提供したりして産出を支援すること。教師と子ども、子ども同士のインタラクションの機会をつくり対話による学びを促すこと。そして、経験や気づきを書きことばで表現し伝えるための場を設定することです。こうした支援を受け、子ども自身が持てる力や既有知識を活性化し、学習に参加すること、そして、その経験を持って、助けがなくても学べるようになることが期待されます。つまり、支援はスキャフォールディングであることが大事なのです。

　統合学習を通して得られた教科等の学びとことばの力は、文化間移動によって遭遇する問題や困難を解決し、自身が設定した目標・課題を仲間と協働して成し遂げ、批判的思考力をもって社会を改革するために発揮されるはずです。そうした力を育む場として、内容と言語（日本語）の統合学習をデザインし、挑んでみましょう。

引用文献

岡崎眸（2002）「内容重視の日本語教育」細川英雄（編）『ことばと文化を結ぶ日本語教育』凡人社、49-66.

岡崎眸（2010）「「子どもの実質的な授業参加」を実現する年少者日本語教育―二つのアプローチによる検討―」『社会言語科学』13(1)、19-34.

川上郁雄（2002）「年少者のための日本語教育」細川英雄（編）『ことばと文化を結ぶ日本語教育』凡人社、81-100.

川上郁雄（2006）「年少者日本語教育学の研究主題と方法」宮崎里司（編）『新時代の日本語教育をめざして―早稲田から世界へ発信―』第3章、明治書院、49-71.

清田淳子（2007）『母語を活用した内容重視の教科学習支援方法の構築に向けて』ひつじ書房

齋藤ひろみ（2009）「「学習参加のためのことばの力」を育む―文部科学省開発「JSLカリキュラム」の方法論とその実践事例から―」川上郁雄・石井恵理子・池上摩希子・齋藤ひろみ・野

山広（編）（2009）『「移動する子どもたち」のことばの教育を創造する―ESL 教育と JSL 教育の共振―』第 2 部 3 章、ココ出版、184-226.

齋藤ひろみ（2019）「JSL の子どもを対象とする内容重視の日本語教育―日本国内の実践・研究の動向から―」『第二言語としての日本語の習得研究』第 22 号、10-28.

齋藤ひろみ（編著）、今澤悌・花島健司・内田紀子（著）（2011）『外国人児童生徒のための支援ガイドブック―子どもたちのライフコースによりそって―』凡人社

齋藤ひろみ・池上摩希子・近田由紀子（編）（2015）『外国人児童生徒の学びを創る授業実践―「ことばと教科の力」を育む浜松の取り組み―』くろしお出版

齋藤ひろみ・佐藤郡衛（編）（2009）『文化間移動をする子どもたちの学び―教育コミュニティの創造に向けて―』ひつじ書房

佐藤郡衛・齋藤ひろみ・高木光太郎（2005）『小学校 JSL カリキュラム「解説」（外国人児童の「教科と日本語」シリーズ）』スリーエーネットワーク

光元聰江（2014）「取り出し授業と在籍学級の授業とを結ぶ「教科書と共に使えるリライト教材」」『日本語教育』158 号、19-34.

文部科学省（2003）「「学校教育における JSL カリキュラムの開発について」（最終報告）小学校編」<https://www.mext.go.jp/a_menu/shotou/clarinet/003/001/008.htm>（2022 年 2 月 28 日）

文部科学省（2007）「学校教育における JSL カリキュラム（中学校編）」<https://www.mext.go.jp/a_menu/shotou/clarinet/003/001/011.htm>（2022 年 2 月 28 日）

文部科学省（2019）『外国人児童生徒受入れの手引［改訂版］』<https://www.mext.go.jp/a_menu/shotou/clarinet/002/1304668.htm>（2022 年 3 月 15 日）

山ノ内裕子・齋藤ひろみ（2016）「外国人児童生徒の教育」小島勝・白土悟・齋藤ひろみ（編）『異文化間に学ぶ「ひと」の教育』第 4 章、明石書店、83-108.

Brinton, D. M., Snow, M. A., & Wesche, M. B. (1989). *Content-based second language instruction*. Heinle and Heinle.

Cammarata, L. (2016). *Content-based foreign language teaching: Curriculum and pedagogy for developing advanced thinking and literacy skills*. Routledge.

Met, M. (1998). Curriculum decision-making in content-based language teaching. In J. Cenoz, & F. Genesee (Eds.), *Beyond bilingualism: Multilingualism and multilingual education* (pp.35-63). Multilingual Matters.

第 5 章

教科学習と日本語学習をつなぐ

中学生に必要なつながりを生む支援

樋口万喜子

　思春期を迎えた中学生が、その心身の急激な変化に揺れる時期、友達や成績、進路に対して不安を抱くのは、今も昔も変わりません。ましてや自分のアイデンティティとは異なる言語・文化の中で成長していくとき、来日から日が浅い生徒にとっても、日本育ちの JSL の生徒にとっても、居心地の悪さやジレンマ、言いたいことが伝えられない苛立ちや悲しみは、私たちの想像をはるかに超えるものでしょう。小学生のときは学年が進むにつれて心身ともにたくましくなり、上級生としての役割を担うことで担任の先生からも励まされ、居場所や自己肯定感が得られたでしょう。しかし、中学生になると教科ごとに先生が変わるため、日本語力不足だけがクローズアップされがちとなり、自分をまるごと理解してくれる先生に出会うのは難しくなります。

　ところで、日本語母語話者の理解語彙数は小学校卒業時、約 2 万語であったものが、中学卒業時には 3 万 6000 語となります（林、1971）。教科学習の中で使用される抽象語彙は、その学びの中で主に習得されていきます。一方、JSL 生徒は短期間に抽象的な学習語彙を理解していくのは難しく、母国では皆と同様に勉強ができたのに、現在の学習のつまずきが自分の日本語力不足によるものと考えてしまいがちです。それは本当につらいことだと思います。

　このような中学生に、私たちはどのような支援ができるでしょうか。

　スタート時点では母語教材が有効です。2000 年代初頭、教師や学校側にも日本語指導のノウハウがなかったころ、教室の中で一人、あいうえお表や漢字をなぞるしかなかった JSL 生徒たちにとって、まず「意味がわかる／内容のある」授業時間になってほしいと、『教科につながる学習語彙 6000 語』という母語教材を仲間たちと作りました（樋口ほか、2011）。覚え始めた言葉を生徒が口にしたとき、周囲も喜び、コミュニケーションのきっかけとなりました。言語環境が変わっても、十数年育んできた言葉の力がゼロになる

わけではなく、前向きにそれを土台に新しい言葉にチャレンジできるのです。母語はアイデンティティの確立に不可欠ですし、多文化共生を担う言語資源ともなります。一方、日本育ちの JSL 生徒にとっても、母語保持に役立ち、コミュニティとの絆も強まって心理的支援の一つともなります（本書第 9 章も参照）。

　移民先進国のような教育システムがない日本では、日本語指導の時間はまだまだ少ないので、初期の学習者が自分一人でも隙間の時間に学べる母語教材が必要です。また、母語教材の活用は、同時に散在地域や日本語教育の専門の知識や技術を十分に持たなかったり、生徒の母語に通じていなかったりする指導者、支援者の課題解決の一助ともなるでしょう（本書コラム 4 も参照）。

　次に、読解力を伸ばすために、やさしい日本語のテキストの提供と、その機会を増やす支援があります。日本語は文字学習の負担が大きい言語ですが、小学校ですでに 1026 字の教育漢字を習っている日本語母語話者達と共に成長していくには、リライト教材や小学生向けの学習図書類の利用も有効です。持続可能な開発目標（Sustainable Development Goals [SDGs]）や自然や社会の仕組みなどをイラストや写真と共にルビ付きで解説する図書は、内容言語統合型学習（Content and Language Integrated Learning [CLIL]）につながるものです（本書第 5 章 1.2 節参照）。さらに、NHK の NEWS WEB EASY や小学生新聞などは、今、話題のもの、これからの自分の生活に関わるものなので、興味を持って積極的に取り組める読解教材です。これは情報リテラシー支援にもつながります。また、ネット上の多読教材は音声や翻訳も利用できるものもあり、NHK for school などと共に GIGA school 構想[1] が進められる中で、彼らの自律学習を促します。

　しかし、JSL 生徒にとって大きな壁があります。それは高校進学です。日本の中学生全体の高校進学率は 98.4% であるにも関わらず、外国籍生徒全体では 64%、さらに日本語指導が必要な生徒の場合は 33.8% という調査があります[2]。SDGs では「誰一人取り残さない教育」と掲げながら JSL 生徒は

1　<https://www.mext.go.jp/a_menu/other/index_00001.htm>（2022 年 8 月 22 日アクセス）
2　「多文化共生社会の構築シンポジウム 外国につながる高校生たちの「活躍する力」を拓く―学びと就労の実態が問いかける支援のあり方―」（2020 年 12 月 20 日実施）<https://

ほぼ半分が取り残されているのが実情です。日本語を学ぶスタートが遅かったのですから未熟なのは当然のことで、進路を阻むものが日本語力に大きく左右される入試システムであるならば、今後は入試制度にひと工夫して進路保証をする必要があるでしょう（本書コラム3も参照）。

　最後に、高校そして将来につなげるために、日本語で情報を得、それを人に伝える力を伸ばす支援の必要性について述べます。この思春期の不安定な時期に、自分で情報を得たり日本語で人に伝えたりして、人とつながる力をつけてほしいです。人と関わっていけば居場所も増え、友達と共感したり、周囲の大人と触れ合ったりする機会も増え、視野が広がり自己肯定感も確かなものになるでしょう。周囲の大人や友達の励ましが困難に立ち向かう力となります。このような将来に向けて前向きに自分の夢や希望を実現させようという気持ちこそが、学びに向かうモチベーションになります。

　JSLの子どもたちすべてに、言葉によって人とつながり、言葉で深く考え、新しい世界を切り開いていってほしいです。そしていつか、日本の学校での学習は大変だったけれど、楽しい時間もあった。日本語の勉強はつらいときもあったけれど、日本語で言いたいことが言えるようになった。夢や希望が自分の努力で叶えられる国に来て良かったと、このように思ってもらえることを心より願っています。

引用文献

林四郎（1971）「語彙調査と基本語彙」『電子計算機による国語研究III（国立国語研究所報告39）』1-35.

樋口万喜子・古屋恵子・頼田敦子（編）(2011)『進学を目指す人のための教科につなげる学習語彙6000語（日中対訳）』ココ出版

樋口万喜子（ひぐち・まきこ）

NPO法人日本語・教科学習支援ネット代表、横浜国立大学国際戦略推進機構日本語教育部・神奈川県立川崎高等学校非常勤講師。『進学を目指す人のための教科につなげる学習語彙6000語（日中対訳）』（ココ出版、2011）、『JSL中学高校生のための　教科につなげる学習語彙・漢字ドリル』（中国語版・英語版・スペイン語版・ポルトガル語版）（ココ出版、2010〜2015）、『用例文でわかる　日本語・ポルトガル語　語彙集―二言語を豊かにする6449文―』（誠文堂新光社、2022）など。その他、文化庁「生活者としての外国人」のための日本語教育事業の委託による指導者研修・学習支援教室などを開催している。

www.hitachi-zaidan.org/topics/topics074.html>（2021年11月7日アクセス）

高校卒業後も日本社会で生きていくための支援

坂本昌代

「公立高校へ通う外国人」と聞いたとき、どんな生徒を思い浮かべるでしょうか。五教科入試を突破することができた、日本語力と学力を備えた生徒をイメージするかもしれませんが、その実態は多様です。

都立高校では、来日3年以内の外国籍生徒を対象とした特別選抜が現在全日制高校8校で行われています。試験内容は作文と面接で、試験の言語も英語と日本語からそれぞれ選択可能です。入学後は、国語や社会などの教科の取り出し授業、日本語の授業、放課後補習、多文化交流部などの居場所作り、コーディネーターの配置などが進められていますが、特別枠のある高校すべてで一定の支援があるわけではありません。また、人気校の特別枠は2倍前後の倍率で推移しており、入学が叶わない生徒も多く存在します。そのため、定時制高校がもう一つの受け皿となっています。

都立高校で外国につながる生徒に関わって16年になります[1]が、さまざまな背景をもつ生徒に対して「国語」という教科をどう捉え、教えるべきなのか、私なりに試行錯誤してきました。たとえば、幼稚園から日本にいて日常生活には不自由していないが、学校の勉強は難しいと感じている非漢字圏出身のAさん。小学校高学年で来日し、授業は理解できる（と本人は思っている）が、テストでは高得点が取れない漢字圏のB君。中学卒業後に来日し、日本語はまだあいさつ程度という漢字圏のCさん。このように日本語を「読む・書く・聞く・話す」力が全く異なる生徒が「日本語指導が必要な生徒」として、一つの教室でいっしょに「国語」を勉強しているのが現状です。東京都は外国籍住民数が全国一の自治体でありながら、市区により小中学校で受けられる日本語支援に大きな格差があり、そこに中学卒業後に来日する生

---

1 時間講師のほか、日本語指導員、通訳、多文化共生スクールコーディネーターなど、複数の立場で高校に入っています。都立高校では、常勤専門職の雇用がないのも課題の一つです。

徒も加わることが、指導をより難しくしています。

　しかし、だからこそ意識しているのは、彼ら、彼女らが社会で生きていくために必要となる言語の力を高校3年間（定時制では4年以上になる生徒もいますが）という限られた時間で、どう育てるかという視点です。高校の中退率は特に定時制高校において高く、残念ながら担当した生徒の半数しか卒業できない年もあります。進学や就職などの進路につながる日本語や教科の力はもちろんですが、言葉によるコミュニケーションの力、さらに言えば、困ったときに周りに助けを求められる力が、とても大切だと感じています。また、学びたいときに学べる場があり、支援してくれる人は必ずいるという信頼関係を築くのも高校の大切な役割でしょう。

　私が高校で初めて教えたパキスタン出身の生徒は、日本人男性と結婚し、現在3児の母として子育てに奮闘しています。幼稚園や小学校の先生、友人の力を借りて上手に子育てしてきましたが、最近頭を悩まされていることがあるそうです。子どもが小学校の勉強についていけなくなってきたのです。今は高校で学ぶ生徒も、早ければ数年後には彼女のように親となり、母語と日本語、時には配偶者の言語も加えた2～3言語で子どもを育てる立場となることを忘れてはいけません。言語力の不足をそのままにすれば、日本で生まれ育つ次の世代へと課題を先送りし、負の連鎖を産むことになるのです。

　言葉だけではありません。高校入学当初は、ほとんどの生徒が4年制大学への進学を希望しますが、実現するためには経済的な問題もあります。在留資格によっては奨学金を得られず、進学そのものを断念する生徒もいます[2]。また、進路選択にあたっても日本人と同じように就きたい職業や、学びたい分野から無条件に選べるわけではありません。残念ながら外国籍では就けない職業や、専門学校で学んでも卒業後の在留資格につながらない分野もあるからです[3]。高校を卒業さえすればすべての進路が保障されているわけではないという厳しい現実はありますが、その中で最善の道を見つけられるように伴走支援する難しさ。そこに、高校生支援のやり甲斐と面白さがあると

2　在留資格が「家族滞在」の場合、日本学生支援機構の奨学金は申請できません。
3　外国籍では就けない（警察官）、昇任に制限がある（教員）など、国籍要件の課題は残っています（本書第2章3.3節も参照）。美容師のように資格をとっても対応する在留資格がないため就くことができない職業もありました。現在は「家族滞在」の生徒でも、高校を卒業すれば資格変更し就職ができるよう、選択の可能性が少しずつ広がっています。

感じています。

　文部科学省は 2023 年度からの「特別の教育課程」導入を目指しており、高校での日本語指導の制度化の準備が進められています（本書第 2 章 3.2 節参照）。将来的には、どの高校にいても支援が受けられる体制が整うこと、彼らが一市民として社会で生きるために必要な高校段階の教育を全国どこに住んでいても受けられることを、切に願っています。

坂本昌代（さかもと・まさよ）
都立高校講師。立命館大学卒業後、中国系航空会社、マスコミ、日系企業（在香港）などで勤務、その後、養成講座で学び日本語教師となる。JICA 日系社会青年ボランティアとして、チリ共和国で 2 年間日本語指導に従事。帰国後は、外国につながる高校生の指導・支援に興味を持ち、複数の都立高校で講師として国語総合、日本語などを指導。2020 年 4 月からの 2 年間は東京都教育委員会からの委嘱で都立高校の多文化共生スクールコーディネーターを兼務。その他、文京区で外国人支援のボランティア活動も行っている。

第3部
「子どもの日本語教育」で
育てる言語の力

第 6 章

教科学習に必要な
言語力について考える

バトラー後藤裕子

Q 「子どもの日本語教育」において「学習言語」が重要だという話をよく聞きますが、「学習言語」とは一体どのようなものなのでしょうか。子どもを指導する際に、どのようなことに配慮すれば良いのか、具体的なイメージが持てるように教えてください。

A 学習言語とは、学校教育などの学習場面で、教科学習を促進するために必要な言語のことを指します。学習言語はすべての子どもたちにとって、身につけたい大切な言語のことです。以前は学習言語は日常言語とは切り離されたものだという考え方が中心でしたが、最近では家庭内や地域内で子どもたちが培ってきた（複数の言語使用を含む）言語資源や言語能力を生かしながら、教科学習を促進するための言語使用を手助けするという形のアプローチも実践され始めています。

1. 学習言語とは何か

　学習言語（academic language）とは、学校などでの教科学習に必要な言語のことと一般に定義されています。店で買いものをする場面と、学校で理科のレポートを書いたりする場面とでは、語彙や、文の構造、文脈の情報量、非言語情報量、ジャンルに特化した言語使用のルールなどが異なることを経験的に感じる読者も多いことでしょう。たとえば、次の二つの言語使用を比べてみましょう。最初は、中学生がドーナツ屋に入ったときの会話です。一つ一つの発話が短く、欲しいものを指さすなど、場面に依存した言語使用となっています。

　　テクスト1
　　中学生1：ええっ、すごーい。
　　中学生2：これ、まじでやば。
　　中学生1：二つ食べたいかも。
　　中学生2：いいんじゃない。
　　中学生1：（ショーケースの中のドーナツを指して店員に）あたしはこ
　　　　　　　れとこれ。
　　中学生2：（中学生1に）えー、まじ？　じゃあ、あたしはこれと、あ
　　　　　　　と、うーんと、あと、あっち。

　一方、彼らの教科書の表記は次のようなものです。構文も複雑で長く、漢語が多用されるなど、語彙の使用にも特徴が見られます。

　　テクスト2
　　太陽は、主に水素からできている高温の気体のかたまりで、自ら光や熱
　　を宇宙空間に放射する恒星である。太陽からの光は、食物の光合成など
　　の生命活動に役だち、地球をあたためるエネルギー源となっている[1]。

1　大日本図書『理科の世界3』（2021, p.104）

　教科書で見られるような言語使用は、学習言語の1例と考えることができます。ただ、この学習言語をどのように捉えるかに関しては、研究者の間でも大きな議論が交わされており、共通認識が存在しません。また、学習言語は自然に身につくものではなく、適切な指導が必要だと考えられていますが、その指導法に関しても、さまざまな意見があります。

　学習言語はすべての子どもにとって大切な言語能力だと考えられます。しかし、言語マイノリティーの子どもたち（以下、第二言語学習児童生徒と称する）に関しては、学校での**教科学習**を行うための言語（つまり、学習言語）の習得と、教科内容の習得を同時に行うことが必要になってくるので、マジョリティー言語を話す児童生徒以上に、その習得のための特別な支援が必要となります（本書第5章も参照）。

　学習言語の研究・実践は、欧米が圧倒的に進んでいるので、この章では欧米での動向を中心に、日本語における具体例も盛り込みながら見ていきたいと思います。まず、学習言語が歴史的にどのように捉えられてきたのかを概観します。次に今までの主流のアプローチの研究の成果をたどります。そしてこうした従来のアプローチを批判的に捉える見方を踏まえたうえで、今後の方向性を考えます。

② 学習言語はどのように捉えられてきたのか

　学習言語への捉え方は、大きく二つのアプローチに分けることができます。一つは、学習言語を日常的な言語使用と分け、教科・分野ごとにある程度特徴を持ったものだと考えるアプローチであり、もう一つは、学習言語を日常の言語と切り離さず、流動的・批判的に捉えるアプローチです。

2.1　カミンズの言語能力二分化アプローチ

　言語使用能力を区別する考えかたは、古くから存在していました。しかし、学習言語の議論におそらく一番大きな影響を与えたのは、カミンズ（Jim Cummins）の**伝達言語能力**（Basic Interpersonal Communicative Skills [BICS]）

と**認知学習言語能力**（Cognitive Academic Language Proficiency [CALP^{カルプ}]）でしょう（Cummins, 1979）（本書第 3 章 3.3 節、第 7 章 2.2 節も参照）。伝達言語能力とは、日常生活で自然に身につく（生得の）言語能力のことであり、一方、認知学習言語能力とは、学習場面で必要とされる能力で、さまざまな学力指標との相関が高いものだと考えられました。カミンズはこの区分をマジョリティー言語を話す子どもたちだけでなく、第二言語学習児童生徒にも当てはめました。その背景には、子どもは難なく第二言語を習得できるはずだという前提のもと（本書第 7 章も参照）、第二言語への支援を早くに打ち切られてしまうことで、教科学習に支障をきたしてしまっている子どもたちが少なくなかったことから、こうした児童生徒の教育支援に携わる教育関係者の注意を喚起する狙いもあったといわれています（Cummins, 2000）。

　カミンズはその後、理論に修正を加え、用語も少し変更して**会話的言語力**（Conversational Language Proficiency）と**教科学習言語能力**（Academic Language Proficiency）と言い換え、前者は場面依存度が相対的に高く、認知力必要度が低いものであり、その逆に後者は場面依存度が低く、認知力必要度が高いものだと提唱しました。ここでの教科学習言語能力は、話しことばを含むもので、その点で書きことばとは同義ではない点に注意してください。

　カミンズの理論にはいろいろな批判もありましたが（その批判についての詳細はバトラー（2011）に詳しくまとめられています）、教育実践に大きな影響を与えました。カミンズは、第二言語学習児童生徒へは、認知力の必要度を上げるために、最初は場面依存度の高い活動から、徐々に場面依存度の低い活動に移行していくのが好ましいと提案しました。北米で広く実践された Cognitive Academic Language Learning Approach [CALLA]（Chamot & O'Malley, 1994）という指導方法もカミンズの理論に基づいたもので、徐々に認知的負荷の高い活動を導入していくという方法でした。

　カミンズ同様、学習言語をある程度、教科・分野ごとに特化したものであると捉え、**選択体系機能理論**（Systematic Functional Theory; 以下、機能文法）という言語理論（Halliday, 1994）に基づいた方法で、学習言語の特徴を詳細に割り出し、その成果を教育実践に応用していこうというグループ（Schleppegrell, 2004 など）もあります。このグループによる研究はその具

体性が重宝され、教育現場では大きな影響力を及ぼしています。

2.2 ニューリテラシーのアプローチ

　一方、学習言語は複数・無限のリテラシーの総称であり、コンテクストに
よって異なるので、一つに束ねることは不可能であると考える研究者もいま
す（Gee, 1991; Lea & Street, 2006; Street, 2008; Wiley, 1996 など）。そうした
アプローチは**ニューリテラシー**とも言われます。この際のリテラシーとは、
従来の読み書きスキルにとどまらず、もっと広範な言語を使った社会実践の
ことを指します。学習リテラシー（academic literacies と複数で表現される）
も、社会的に構築されたイデオロギーだと考えられます。学習リテラシー
は、理科や社会など、特定の教科・分野に結びついたものではなく、さまざ
まな場面やジャンル、文化によって異なるものであり、時間の経過ととも
に、常に変化していくものだと捉えられています。さらに、言語にとどまら
ず、ジェスチャーや表情、コミュニケーションを媒介するさまざまなもの
（デジタル・テクノロジーなど）も、その対象に含みます。批判的にテクス
トを読み取る力など、高次の認知機能も社会実践の一つとして、重要な要素
となります。

　ニューリテラシーの考えでとても大切な点は、教室での児童生徒と教師と
のやりとりや作文の指導などといった学習場面での言語使用も社会実践の一
つであり、意識的にも無意識的にも、そこに「学習言語はこうあるべき」と
いうマジョリティー・グループによるイデオロギーを反映したものであるこ
とを強く指摘していることです。

　ニューリテラシーのグループの考え方を、さらに発展させた形で、最近で
は、2.1 節で紹介したような従来の二元型の学習言語の捉え方を批判し、学
習言語の複雑性を主張する研究者（たとえば、MacSwan, 2020）や、さらに
進んで、マジョリティー・グループの規範である「学習言語」が学習に不可
欠であるという前提をも否定する人種言語学（racial linguistics）と呼ばれ
るグループもあります（Flores & Rosa, 2015）。いずれも、マジョリティー・
グループのイデオロギーを反映した学習言語の捉え方に疑問を呈し、マイノ
リティーの子どもたちの持っているすべての言語リソースを使いながら、学

習支援をしていくべきだと主張しています。こうした学習言語に対する批判を反映し、2.1 節で紹介した機能文法を使いながらも、文化的に適した方法を模索する折衷案的な動きも出てきています（Sembiante & Tian, 2021）。

 ## 3. 学習言語の特徴

　学習言語をある程度固定的なものとして捉えるアプローチでは、学習言語の特徴を割り出すことで、日常言語との違いを浮き彫りにし、指導に役立てようという試みがなされてきました。スカーセラ（Robin Scarcella）によると、学習言語は、語彙や文法構造など言語面だけにとどまらず、スキーマ（知識の構造）の構築や学習方略やメタ認知能力などの認知面、教室内での話し方のルールや社会規範の理解などの社会文化・心理面にもおよびますが（Scarcella, 2003）、ここでは紙面の都合上、言語面に焦点を当てて、その特徴を見ていくことにしましょう[2]。

3.1 語彙

　語彙力は学習理解に直結します。まず、児童生徒が語彙の意味を辞書やインターネットで調べたり、教師や友達に聞いたりせずに自力でテクストを読みこなすには、テクスト内で使われている語彙の 95％から 99％程度が分かっている必要があると言われています（Hu & Nation, 2000; Schmitt et al., 2011 など）。非常に高い数字なので驚かれた読者も少なくないと思います。多読指導に有効なのは、このレベルのテクストだと考えられます。児童生徒がテクストの 90％から 95％の語彙を知っている場合、テクスト全体の理解度はほぼ 75％程度と言われ、授業の指導用としてはこのあたりが適切だと言われています。一方、テクスト上の語彙の 90％以下しか知らないと、理解度は 50％を下回ると言われています。こうした数字は、指導用のテクストを選んだり、教科書理解に特別な支援が必要かどうかを判断するために有効な目安になります。

2　日本語の学習言語の特徴を理解するためには、日本語の言語学的な特徴を紹介している本書第 8 章も参考になるでしょう。

　語彙の中でも、日本語では、学習場面で**漢語**が多用される傾向がありま
す。図1は2005年度に使用された小中学校の教科書をコーパス化したデー
タをもとに作成されたものですが、この図が示すように、教科書では小学校
の後半から、漢語の種類が急激に増えていることが分かります。こうした漢
語の多くは、子どもたちの日常生活ではあまり使われないものも少なくない
ので、指導上の注意が必要となってきます（本書第8章4.1節も参照）。

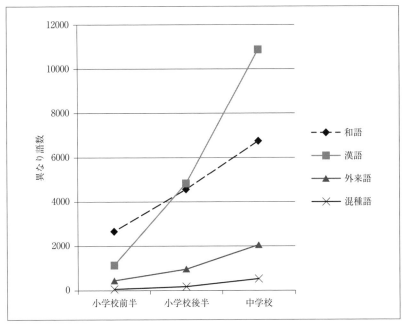

図1　教科書に使用された語種別の異なり語数[3]

　日本語の動詞は、もともと**和語**が多いのですが、一方、動作や状態を表す
名詞には和語が少なく、名詞化する際に漢語が使われることが少なくありま
せん。たとえば、「うごく」は「運動」になり、「しらべる」は「調査」にな
ります。こうした漢語に「〜する」をプラスした形をとる漢語サ変動詞が、
学習言語では多用されるのです。

3　異なり語とは、重複した部分を差し引いて算出した語彙数。原典は近藤・田中（2008, p.28）
　をもとに作成したもの。バトラー（2011, p.106）より転載。

児童にとって特に厄介なのは、普段使い慣れている和語の動詞と漢語サ変動詞との間に、通常、微妙な意味のずれがある点です。「ゴロゴロしてないで、運動しなさい」といった場合は、何かスポーツでもしなさいという意味ですが、「ゴロゴロしてないで、動きなさい」といった場合は、体を動かすということで、必ずしもスポーツを意味するわけではありません（バトラー、2011）。一般に漢語サ変動詞は、意味を限定する傾向があり、厳密な意味の伝達を重視する学習場面では非常に有効です。しかし、この微妙な意味の違いを習得するのは、第二言語学習児童生徒はもとより、マジョリティー言語を話す子どもたちにとっても、簡単なことではありません。違いを明示的に説明してあげることで、すべての子どもがそのメリットを享受できます。

　さらに教科学習の支障になりえるのは**学習語**と呼ばれるタイプの語彙です。教科学習で使われる語彙は、表1で示すように大きく三つのタイプに分けることができます。

表1　教科学習で使用される語彙のタイプ[4]

語彙のタイプ	意味範囲	使用範囲	例
一般語	特化しない	分野を超えて使用される	学校、食べる、りんご
専門語	特化する	分野限定で使用されることが多い	光合成、因数分解
学習語	特化する場合もしない場合もある	分野を超えて使用される	比較、分析

　「一般語」は日常生活でも使われることばで、教科をまたいで使われます。学習の場面では、「専門語」もたくさん出てきます。こうした専門語は、教科限定で使われるのが普通です。専門語の意味を正確に理解し、使えるようになることは教科学習の要であり、非常に大切です。ただ、こうした専門語は、教科書にもきちんと定義がされていたり、先生も授業の中で意味を丁寧に説明することが多いことばです。

　最後の「学習語」と呼ばれるタイプの語彙が、実は意外に盲点になってい

4　Scarcella（2003, p.14）を日本語に訳し、日本語例を付加したバトラー（2011, p.67）をさらに改変したもの。

ると言われています。学習語は、教科学習で重要な役割を果たし、教科にまたがって使用されますが、子どもの日常生活ではあまり馴染みがないのにも関わらず、児童生徒が当然知っているものとして、教科書や授業中に特に定義されることがあまりない語なのです。第二言語学習児童生徒にとっては、学習する機会を逃しやすいことなどから、特に習得が難しくなりがちなタイプの語であると言われています（バトラー、2011）。

　学習語を子どもたちが知っていると過信せず、教科の授業の中で、細かなチェックをしてあげることが大切だと言えるでしょう。また、学習語で分からないものが出てきたときに、「分かりません」と子どもたちが言える授業の雰囲気作りも重要です。

3.2　教科別の特徴

　学習言語には、さらに教科別の特徴があると言われています。各教科には知識の記述の仕方や議論の進め方、客観性と主観性のバランスなどにおいて、それぞれ独特の特徴があります。前述の機能文法の考えに従えば、語や文法・談話構造は、そうした意味構築のあり方を反映したものということになります。教科学習を円滑に進めるには、こうした教科独特の語や文法・談話構造を習得していく必要があります。以下、理科・科学、算数・数学、社会の順に大まかな傾向を見ていきましょう。もちろん、理科・科学といっても、学習内容やコンテクスト（実験の記述か、用語の解説かなど）にはバリエーションがあります。ここでは、典型的なケースを概観することで、全体的な特徴をつかむことを目的とします。

3.2.1　理科・科学

　理科・科学は、高い専門性や客観性、抽象性を特に要求する分野です。理科・科学の教科書を見てまず気がつくのは、専門語や抽象性の高いことばの多さです。その背景に**名詞化**が多いことが挙げられます。名詞化とは、動詞や形容詞などを使って表現されるような現象や物質を名詞で表現することです。たとえば、「分析する」という動詞で表現すると、その動作の主体を明らかにしなくてはなりません。しかし、名詞化して「分析」または「分析す

117

ること」とすれば主体を明記する必然性がなくなり、そのため現象の過程自体に焦点を当てることができます。主体から現象を離し、過程そのものに注目するという姿勢が、まさに理科・科学という学問分野の意味構築のあり方だと言えるでしょう。

　主体の明示を避けるという意図で、**受身**の構文が多いのも理科・科学の特徴です。主体を示さないことで、客観性を高めることができます。たとえば、次の記述を見てください。

　　テクスト3
　　ハリモグラやカモノハシはホニュウ類であり、母乳（ぼにゅう）で子を育てるが、卵をうむ。このような生物の存在は、進化が起こった痕跡（こんせき）となるものでもあると<u>考えられる</u>[5]。

　「考えられる」という受身形が使われていることで、個人の主観ではなく、何か権威的なものによる客観的な総意であることが示せるのです。

　さらに、客観性を重視する理科・科学の特徴として、さまざまな**モダリティー表現**が厳密に使い分けられている点が挙げられます。モダリティー表現とは、書き手や話し手の主観を表す表現で、たとえば「〜かもしれない」と可能性を示唆したり、「〜だろう」と推測を表したりする表現です。「〜の原因によるものである」という表現ならば、その原因が事実として確認されていることを示します。一方、「〜が原因だろう」と記述すれば、推測に基づく記述であり、事実かどうかは100％定かでないことになります。理科・科学のレポートを書く際には、モダリティーの正確な使い分けが非常に大切になります。ここでも、具体的な例を使い、明示的な使い分けの指導をしてあげることが有効です。

　理科・科学の教科書では、テーマに基づいた疑問を投げかけたり、実験の説明をしたり、考察をしたりなど、セクションごとにさまざまな表現が使われます。テーマの導入部分や、実験の導入の部分では「酸性の水溶液とアルカリ性の水溶液を混ぜると、どのような変化が起こるのだろうか」[6]などのよ

5　東京書籍『新しい科学3』（2021, p.116）、アンダーラインは筆者によるもの。
6　教育出版『中学理科3』（2021, p.97）

118

うに、疑問形の形がよく使われたり、分析の部分では「話し合ってみよう」や「調べよう」など、行動を促す意志表現が多く見られます。また、理科・科学では、過程を表すために、「〜溶けていく」「変わってくる」など、「〜ていく」「〜てくる」といった文型の頻度が高いと言われています（横田・小林、2005）。したがって、こうした頻度の高い文型の整理をしてあげると、教科書が読みやすくなると考えられます。

3.2.2　算数・数学

　算数・数学では、言語の負担が比較的少ないのではないかという印象があるかもしれません。しかし、実はコーパスデータが示す限り、算数・数学の教科書が文字数、文節数、漢字の数といった点において、他の教科より少ないという事実はありません（石崎・井佐原、1988）。算数・数学も理科・科学と同様、客観性を重視し、非常に抽象性の高い事象を扱いますので、その意味構築のあり方が、言語使用にも反映されます。たとえば、次の例のように、あまり聞きなれない抽象的な専門語が高い頻度で使われます。

　　テクスト4
　　単項式は多項式の和とみることができる。また、多項式の項で、−9や−2のように文字を含まない項を定数項（ていすうこう）という。（中略）単項式で、かけ合わされている文字の個数を、その単項式の次数という[7]。

　日常生活で使われることばでも、算数・数学の場面では特別な意味を持って使われたり、日常生活とは異なる形で使われたりすることも少なくありません。たとえば、日常生活では「引く」ということばは、一般にモノなどを自分のほうに動かすことを意味しますが、算数で出てくる「引き算」はその意味ではありません。数学では、次数は大きいことを「高い」といい、次数の小さいことは「低い」といいます。
　算数・数学では、関係性を示す表現も多く使われます。「〜12より少ない」や「〜10以上〜20未満」などです。20未満と20以下とはどう違うのかな

7　大日本図書『数学の世界2』（2021, pp.48-49）

ど、正確な理解が不可欠となります。また、論理性を重視する算数・数学では、「すなわち」「ただし」「あるいは」や「A かつ B」の「かつ」などといったことばがよく使われますが、こうしたことばは、マジョリティー言語を話す生徒の間でも理解が難しいようです（バトラー、2021）。授業中に理解度をチェックしてあげることが大切でしょう。

　理科・科学と同様、数学的思考のあり方はユニバーサルですが（つまり、第一言語や他言語で学んだものを転移することが可能）、その意味をどのように言語で構築するかはそれぞれの言語によって異なるので、第二言語で算数や数学を学ぶ際には、目標言語での意味構築の仕組みを習得しなくてはなりません。その一方で、算数・数学で使われる独特の言語使用のあり方が分かってしまえば、他言語で培った方略などを有効に使うことができます（本書第 7 章 2.2 節、第 9 章 2 節も参照）。

3.2.3　社会

　社会では、過去や現在の社会事象を系統だって記述したり、因果関係を論じたり、事実と解釈を区別したりという作業を行います。事実の記述には、簡潔・厳密な表現を好むので、理科・科学のところでもすでに見たように、漢語や名詞句の多用などがよく見られます。歴史では、因果関係を表す「〜によって〜が起こりました」などのことばがよく使われます。物事を起こした主体が明確でないために、意図的に受身形が使われることも少なくありません。また、「〜したり、〜したりしました」など、事象や出来事の間のつながりや因果関係の理解には、適切な背景知識を利用しなくてはならないことが少なくないので、背景知識が十分でない場合は、指導者がそれを補ってあげる必要が出てきます。

　社会では客観的事実と同時に、次の例に見られるように、書き手の主観的な解釈や見解が挿入されることも少なくありません。

　　テクスト 5
　　私たちの暮らしや産業活動は、大量のエネルギーを消費することによって成り立っています。（中略）世界の人々がともに豊かに暮らすためには、限りある資源から得られる利益がすべての国の人々に公平に行きわ

たる仕組みを考えていくことも大切です[8]。

　客観的な記述と主観的主張の部分は明確に区別して理解しなくてはなりません。そのため、「〜でしょう」といったようなモダリティー表現に注意する必要があります。調べもの学習や話し合い学習が多いのも社会の授業の特徴ですから、調べた事実と、自分の解釈を厳密に分けて表現することが求められます。

 4. 学習言語習得のためのカリキュラムや指導

　学習言語自体をどのように捉えるかに関して異なる見解があるのと同様、どのように指導するかに関しても、さまざまな見解があります。ある程度学習言語を固定的に捉えるアプローチを支持する教育関係者は、こまめな語彙のチェックや、さまざまな学習のための方略の指導を推奨しています。また最近では、目標言語での学習言語を無批判で第二言語児童生徒に教えるのではなく、彼らの家庭言語やすでに持っている知識や経験を利用しながら、マルチリンガルな空間の中で、学習に必要な力を構築していこうとする**トランスランゲージング**などのアプローチも提唱されています（本書第3章5節も参照）。

4.1　教科学習内での言語のチェックの重要さ

　まず、前者のアプローチですが、欧米では、本章でも紹介したような学習言語の語彙や言語構造の特徴を踏まえたうえで、それを明示的に指導するためのさまざまなアクティビティなどが提唱されています。英語圏では語彙力増強のために、形態素の指導や、同じ語源を持つ単語（cognates）の指導がよく行われています。また、児童生徒自身で、学習語を見つけ出す活動や、教員養成では、教師がanalyze、compare、contrast、critique、define、describe、discuss、evaluate、explain、illustrate、interpret、justify、

8　教育出版『小学社会6』（2021, p.265）、アンダーラインは筆者によるもの。

outline、persuade、prove、related、state、summarize、synthesize など、学習の場面でよく出てくる学習語を児童生徒に分かりやすく説明する練習などが行われたりしています。文型や談話形式などの習得には、教師がモデルを明示したり、子どもに自分の書いたレポートを編集させたり、その他、学習方略習得のためのさまざまな指導も行われています（Chamot & O'Malley, 1994; Snow & Uccelli, 2008）。

　ただ学習言語の習得には、教科の授業の中での指導が一番効果的だと考えられています（本書第5章も参照）。つまり、第二言語教育の先生と教科の先生との協力が不可欠です。教科の先生も、学習言語の役割を十分に理解しなくてはいけません。そして、教科の授業中に、教科内容のチェックと共に言語のチェックも怠らずしてあげることが大切です。こうした言語への配慮を行うことで、第二言語学習児童生徒だけでなく、すべての生徒が恩恵を得られることを教科の先生が認識することが大切です。

　森（2013）は、分からない語の説明に加え、なんとなく分かってはいるもののまだきちんと定着していない語の指導の大切さも主張しています。以下の例は、森（2013, p.111）で紹介されている例ですが、「力とは少し違うよね」と「力」というキーワードを言ってあげることで、子どもの潜在力（この場合は、「労力」という抽象語）をうまく引き出しています。

　テクスト6
　教師：こんな釘があることについてどう思いますか。はい、キザキさん。
　キザキさん：これだけものを作るのには、たくさんの時間と……（5秒ほど沈黙）力がかかると思います。
　教師：力？　何の力かな？
　キザキさん：んー、時間がたくさんかかるから、それだけなにか力がいる。
　教師：どんな力なのかな？　わかる人？
　イカワくん：手間だと思います。
　教師：おお、手間。なるほどね。でも、力とは少し違うよねえ。
　ヨシダさん：はい。労力だと思います。

教師：おお、なるほど！　キザキさん、どう？

キザキさん：はい、それが言いたかったんです（にっこり）。

4.2　学習言語習得のためのカリキュラム

　さらに、第二言語指導と教科学習を直結させたカリキュラムの作成と、それに対応した評価の構築が大切になってきます。アメリカでは、World-Class Instructional Design and Assessment〔WIDA〕[9] と呼ばれる多くの州が参加しているコンソーシアムがあり、さまざまな言語背景を持つ児童生徒の学習言語の習得と学力向上のための支援を行うべく、カリキュラム、指導、評価の一体化を進めています。WIDA は学習言語を教科のスタンダードと第二言語としての英語のスタンダードが交わるところだと考え、両スタンダードの連携を行っています。具体的には、それぞれの教科別に、各学年で身につけたい言語（語句レベル、文レベル、談話レベル）を第二言語習得レベル別に具体的に割り出しています。たとえば、6 年生の比率の単元の語句レベルでは、単元に特化した語彙は sales、tax、discount、percentage、ratio、proportion であるとし、英語の熟達度の低いレベルから高いレベルのそれぞれの児童が、その単元を理解するのに最低必要な語彙をリストアップしています（たとえば、一番熟達度の低いレベルなら cost、discount、price、cheap、expensive など）。そして、そうしたカリキュラムに呼応する評価が作成されています。日本でもカリキュラムに関しては、JSL カリキュラムが作られています（本書第 5 章参照）。

4.3　子どもたちの家庭言語や文化を生かす

　一方、最近では、学習言語を日常的な会話能力と切り離すのではなく、子どもたちが家庭やコミュニティーで培ってきた言語文化能力を最大限に活かしながら、教科学習への支援を行っていこうという試みが注目されています。実は、以前に紹介したカミンズなども、最近では transformative

---

9　<https://wida.wisc.edu/>（2021 年 12 月 7 日アクセス）

multiliteracies pedagogy（Cummins, 2009）など、マルチリンガルな教え方
のアプローチを提唱しています。

　こうしたアプローチでは、まず子どもたちの学校外でのさまざまなスキル
や能力（学校で使う言語以外の言語の熟達度など）を把握することから始め
ます。教材も子どもたちの言語文化経験にできるだけ関連したものを選びま
す。授業内でも、子どもたちの家庭言語の使用を禁止するのではなく、それ
を有効に使いながら、学習理解を進めていこうとする考え方です。今のとこ
ろ、まだ教授法として確立しているわけではなく、評価をどのように行うの
かといった課題もありますが、効果があるとの報告も増えており（Martin-
Beltrán, 2014; Poza, 2016 など）、今後の進展が期待されるアプローチです。

⑤. もっと詳しく知りたい人のために

　学習言語を日常的な言語使用から分離して考えるアプローチの中で、学習
言語の中身を概観したものに、Scarcella（2003）*Academic English: A
conceptual framework* および Snow & Uccelli（2008）The challenge of academic
language があり、全体像をつかむのにはお薦めです。機能文法の観点から
学習言語を捉えた最も包括的な文献としては、Schleppegrell（2004）*The
language of schooling: A functional linguistics perspectives* が挙げられます。言
語学的な側面が強いですが、情報量も豊富で読みごたえがあります。日本語
で読める文献としては、バトラー（2011）『学習言語とは何か―教科学習に
必要な言語能力―』があり、英語と日本語における学習言語について詳しく
解説しています。小学校の授業中の言語使用について実例を豊富に紹介しな
がら解説した本に、森（2013）『授業を変えるコトバとワザ―小学校教師の
コミュニケーション実践―』があり、教室実践に役立ちそうな情報が詰まっ
ています。

　従来の学習言語のアプローチへの批判を受け、機能文法のアプローチを維
持しながら、子どもたちの言語文化背景を十分加味した新しい文化持続型機
能文法（culturally sustaining systemic functional linguistics [CS SFL]）の立
場からの実践について知りたい方は、*Language and Education* という学術
ジャーナルの特別編、Harman et al.（2021）Culturally sustaining systemic

functional linguistics praxis in science classrooms をお薦めします。さまざまな教育場面における実践例が紹介されています。

 ## 6. 学習言語の習得を促進する鍵

この章では、学習に必要な言語能力、学習言語について見てきました。学習言語に関しては、それをどのように捉えるのか、またどのように指導するのかに関して、統一見解がありません。さらに、今後は**情報通信技術**（Information and Communication Technology [ICT]）の発達に伴い、デジタル教科書を始め、さまざまな ICT を活用した教育が普及していく中で、学習に必要な能力も言語にとどまらず、マルチモーダルな広範なものとして捉える必要も出てくることでしょう（バトラー(2021)、本書第 4 章 5 節も参照）。

いずれにせよ、学習言語は、第二言語学習児童生徒にとどまらず、すべての子どもにとって大切な能力です。この認識を教科の先生とも共有し、第二言語担当の教師と教科担当の教師がタッグを組んで、教科学習の中で、計画的・明示的に指導を行っていくことが大切です。

引用文献

石崎俊・井佐原均（1988）「日本語文の複雑さの定性的・定量的特徴抽出」『情報処理学会研究報告』88(54)、1-8.

近藤明日子・田中牧郎（2008）「学校教科書の語彙―語種を観点として―」『日本語学』9 月号（27 巻 10 号）、26-35.

バトラー後藤裕子（2011）『学習言語とは何か―教科学習に必要な言語能力―』三省堂

バトラー後藤裕子（2021）『デジタルで変わる子どもたち―学習・言語能力の現在と未来―』筑摩書房

森篤嗣（2013）『授業を変えるコトバとワザ―小学校教師のコミュニケーション実践―』くろしお出版

横田淳子・小林幸江（2005）「外国人児童の教科学習のための日本語指導文型」『東京外国語大学留学生日本語教育センター論集』31 号、111-124.

Chamot, A. U., & O'Malley, M. (1994). *The CALLA handbook: Implementing the cognitive academic language learning approach.* Addison-Wesley.

Cummins, J. (1979). Cognitive/academic language proficiency, linguistic interdependence, the optimum age question and some other matters. *Working Papers on Bilingualism, 19,* 121-129.

Cummins, J. (2000). *Language, power and pedagogy: Bilingual children in the crossfire.* Multilingual Matters.

Cummins, J. (2009). Transformative multiliteracies pedagogy: School-based strategies for closing the achievement gap. *Multiple Voices for Ethnically Diverse Exceptional Learners, 11*(2), 38-56.

Flores, N., & Rosa, J. (2015). Undoing appropriateness: Raciolinguistic ideologies and language diversity in education. *Harvard Educational Review, 85*(2), 149-171.

Gee, J. (1991). *Social linguistics: Ideology in discourse.* Falmer Press.

Halliday, M. A. K. (1994). *Introduction to functional grammar* (2nd ed.). Edward Arnold.

Harman, R., Buxton, C., Cardozo-Gaibisso, L., Jiang, L., & Bui, K. (2021). Culturally sustaining systemic functional linguistics praxis in science classrooms. *Language and Education, 35*(2), 106-122.

Hu, M., & Nation, I. S. P. (2000). Unknown vocabulary density and reading comprehension. *Reading in a Foreign Language, 13,* 403-430.

Lea, M. R., & Street, B. V. (2006). The "academic literacies" model: Theory and applications. *Theory into Practice, 45*(4), 368-377.

MacSwan, J. (2020). Academic English as standard language ideology: A renewed research agenda for asset-based language education. *Language Teaching Research, 24*(1), 28-36.

Martin-Beltrán, M. (2014). "What do you want to say?" How adolescents use translanguaging to expand learning opportunities. *International Multilingual Research Journal, 8*(3), 208-230.

Poza, L. E. (2016). The language of *ciencia*: Translanguaging and learning a bilingual science classroom. *International Journal of Bilingual Education and Bilingualism, 21*(1), 1-19.

Scarcella, R. (2003). *Academic English: A conceptual framework.* University of California Linguistics Minority Research Institute.

Schleppegrell, M. J. (2004). *The language of schooling: A functional linguistics perspectives.* Lawrence Erlbaum.

Schmitt, N., Jiang, X., & Grabe, W. (2011). The percentage of words known in a text and reading comprehension. *The Modern Language Journal, 95*(1), 26-43.

Sembiante, S. F., & Tian, Z. (2021). Culturally sustaining approaches to academic languaging through functional linguistics. *Language and Education, 35*(2), 101-105.

Snow, C. E., & Uccelli, P. (2008). The challenge of academic language. In D. R. Olson, & N. Torrance (Eds.), *The Cambridge handbook of literacy* (pp.112-133). Cambridge University Press.

Street, B. V. (2008). New literacies, new times: Developments in literacy studies. In B. V. Street, & N. H. Hornberger (Eds.), *Encyclopedia of language and education, 2,* 3-14. Springer.

Wiley, T. G. (1996). *Literacy and language diversity in the United States.* Center for Applied Linguistics and Delta Systems.

第7章

子どもの第二言語習得について知る

西川朋美

Q 　子どもは大人と比べて新しい言語を身につけるのがうまいという話をよく聞きます。確かに外国から来日して数年たった子どもは、きれいな発音で自然な日本語を話していますし、このままほうっておいても問題はないでしょうか。

A 　子どもと大人の第二言語習得を比べた場合、長期的に見れば子どものほうが高い能力を身につけます。ただし、習得の速度は、大人のほうが速いこともあります。また、子どもであっても第二言語では簡単には習得できない部分もあり、二つ目の言語を効率的に習得できるようにするには支援の工夫が必要です。

第一言語習得と第二言語習得の違い

　人間は、重い障害などを持つケースを除いて、誰もが最低一つの言語を使えるようになります。人間がほかの動物とどのように違うのかを考えたときに、複雑な思考を可能にする言語を使えることは人間の特徴の一つです。赤ちゃんが生後ことばを発し始める時期には差がありますし、大人になってからも話すのが上手な人とそうでない人がいます。そのような個人差はあるにしても、誰もが自然に言語を使えるようになります。ところが、二つ目の言語となると、大人が完璧に習得することは難しく、子どもにとってもその習得はけっして簡単なことではありません。本章では、子どもがどのように複数の言語を身につけるのか、とくに二つ目の言語（＝**第二言語**、second language [L2]）の習得について、最初に身につけた一つ目の言語（＝第一言語、first language [L1]）の習得との違いについて考えます。

　L2習得研究[1]は、人間が二つ目以降の言語を習得するメカニズムを解明しようとする研究分野です。英語など欧米語を対象とした研究が多いのですが、その研究結果や理論は言語を問わず応用できるものも多いです。なお、本章では音声言語（話しことば）の習得を中心に考えます。音声言語が身につけば、自然と文字言語（書きことば）が身につくわけではありませんが、音声言語において正確な音、文法や語彙の知識が身についていない状況では、読み書き能力も伸びないと考えるからです[2]。

　子どものL2習得について考える際には、L1の後にL2を習得するというよりは、二言語を同時に習得するバイリンガルと捉えられることも多いです。まずは次節で、その点を整理します。

 # モノリンガルとバイリンガル

　一つの言語だけを使う人を**モノリンガル**（monolingual）、二つの言語を

1　Second Language Acquisition の頭文字をとって「SLA研究」と呼ばれることも多いです。
2　教室環境でL2を学ぶ大人の学習者の場合、L2での会話はできなくても読み書きはできるということも珍しくありませんが、自然習得環境の子どもの場合、音声言語を先に身につけることが通常です。

使う人を**バイリンガル**（bilingual）と呼びます。日本では日本語モノリンガルとして育つ子どもが圧倒的多数派ですが、世界に目を向けると、その人口の約半数がバイリンガルであるとも言われています（グロジャン、2018）。では、バイリンガルとはどのような人たちのことをいうのでしょうか。

2.1　バイリンガルとは

「バイリンガルとはどのような人のことか」という問いへの答えは、一様ではありません。二つの言語がそれぞれの言語のモノリンガルと同じくらいにできる人（＝均衡バイリンガル）をイメージする人も多いようです。一方で、二言語を完璧にまで使いこなすことはできなくても、どちらの言語もある程度できる人をバイリンガルだと考える人もいます。また、バイリンガルというと子どもの頃から二言語に触れているイメージが強いようですが、大人になってから L2 学習を始めて、高度な L2 能力を身につける人もいます。専門的にも「バイリンガル」は、複数の定義が考えられる用語です。本章でも「均衡バイリンガル」のみを想定しているわけではありません。

　また、とくに子どもの L2 習得の文脈で「バイリンガル」を考える際には、現在の言語使用だけではなく、成長過程での言語環境も考慮したほうが良いでしょう。たとえば、生後しばらく外国で育った子どもが、日本で暮らすうちに L1 を忘れてしまい、今は L2 である日本語しか話せないというようなケースもあります。その場合、今は日本語のモノリンガルとなってしまっているかもしれませんが、成長の過程では二つの言語に触れています。本章では、そのような子どもも含めて「バイリンガル」であると捉えます[3]。なお、中には三つ以上の言語に触れながら育つ子どももいると思いますが、本章での「L2 習得」「バイリンガル」についての議論は、三つ以上の言語を持つ場合も基本的には同様です。

3　本章では、誕生直後から両親が異なる言語で語りかけるような「同時バイリンガル」ではなく、一つ目の言語を習得し始めた後に、二つ目の言語を習得し始めるケースについて考えます。二つ目の言語を習得し始めるタイミングについては、さまざまです。

2.2 バイリンガルの子どもの言語習得

　幼いころから生活の中で二言語に触れながら育つ子どもは、自然にそれぞれの言語を身につけますが、モノリンガル環境で育つ子どもとは異なる課題を持つことも事実です。二つの言語を使いこなせることは、すばらしいことですが、二言語で育つ子どもの可能性を最大限に高めるためには、バイリンガル環境で育つ子どもならではの困難点を理解しておくことも大切です。

　親が社会の主流言語とは異なる言語を L1 として話す家庭で、その言語で育った子どもが、園や学校（以下、学校で統一）に通い出すと、学校で話されている社会の主流言語（＝L2）のほうを好んで使うようになることが多いです（Wong Fillmore, 1991）。そして、L2 を習得するに伴い、L1 を忘れてしまったり、L1 が年齢相応に発達しなかったりします（本書第 9 章も参照）。

　L2 についても、子どもであれば誰もが簡単に身につけることができるわけではありません。たしかに大人と比べると、子どもの L2 習得は、発音も含めて非常に自然な話し方を身につけることが多いため、かなり早い段階でL2 を「完璧に」身につけたと思われがちです。ところが、学校での勉強になるとモノリンガルの子どもと同じように進めることはできず、会話力ではモノリンガルと変わらないがゆえに、勉強ができないという誤解をされてしまうことがあります。この問題に関して有名なのは、カミンズ（Jim Cummins）による、以下のようなバイリンガルの子どもの言語能力の捉え方です（Cummins, 2000）[4]。

伝達言語能力（Basic Interpersonal Communicative Skills [**BICS**]）
認知学習言語能力（Cognitive/Academic Language Proficiency [**CALP**]）

「L2 で自然な会話ができるのに勉強では苦労する」という上に紹介したような子どもに関しては、BICS が比較的短期間（1〜2 年）で習得できるのに対し、CALP の習得には 5〜7 年（以上）かかるという説明ができます。学

4　BICS、CALP は、ほかの日本語訳が当てられていることもありますが、日本語の文脈でも英語の略語が使われることが多いです。

校での学びのためには、表面的な会話の流暢さだけではなく、複雑な思考を可能にする真に高い言語能力が求められるのです（本書第 3 章 3.3 節、第 6 章 2.1 節も参照）。

　L1 を習得した後に L2 を習得することには良い点もあります。**共有基底言語能力モデル**（Cummins, 1984）では、L1 で身につけた基盤となる能力は、L2 でも共有されると考えられています。これは、水面上では二つの別々の山に見えますが、水面下ではつながっている氷山のイメージで説明されます（図 1）。また、このモデルは L1 が十分に育たないまま、L2 を習得することの危うさも示しています。L2 だけでなく、L1 も育てることの大切さについては、本書第 9 章を参照してください。

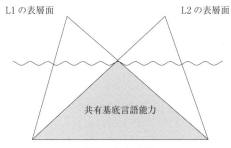

L1 の表層面　　　　　　　　　L2 の表層面

共有基底言語能力

図 1　氷山の図
（Cummins, 1984, p.143 をもとに作成）

3. L2 習得と年齢

　家族で日本に移住してきて、子どもは数年で少なくとも日常会話では自然な日本語を使いこなすようになるのに対し、親のほうはなかなか日本語が上達しないという状況は珍しくありません。

　大人と子ども、L2 習得が得意なのはどちらでしょうか。人間が言語を習得するのには適した**年齢**があり、その年齢（＝臨界期）を過ぎると言語習得、とくにネイティブと同じレベルの言語能力の習得は難しくなると考えられています。この考えは**臨界期仮説**として知られています（Johnson & Newport, 1989）。ところが、ある研究では、大人や年齢の高い子どものほうが、年齢の低い子どもよりも L2 習得ができるという結果を得ました（Snow

& Hoefnagel-Höhle, 1978)。この研究は、L2習得開始後（＝オランダへの移住後）1年ほど経過した時点で、L2であるオランダ語がどの程度できるのかを調査しています。十分な動機と環境などの条件がそろえば、大人は子どもよりも「速く」L2が習得できることもあります。ところが、5年後、10年後と長期的視野を持って考えた場合に、ネイティブのような言語能力を身につけられるかどうかというと、これは子どものほうが有利です。臨界期仮説において、子どものほうが有利だと考えるのは、L2習得の速度ではなく、長期的な最終到達度です。また、移住先の国で質・量ともに十分なL2のインプットを得られる環境を前提とした仮説ですので、週に数時間程度の教室での外国語学習については、必ずしも当てはまりません[5]。なお、何歳までにL2習得を始めればネイティブのようになれるのかという点については、言語のどの側面（音声、文法など）に注目するのかという点や、L1とL2の距離（＝L1とL2がどれだけ似ているか）などにもよるので、一概には言えません。

　上のように、L2習得研究では大人と子どもの違いが注目されることが多いのですが、両者には共通点もあります。まず、モノリンガルの子どものL1習得と決定的に違うのは、「L2」習得である以上、大人も子どももすでに一つの言語（＝L1）を（ある程度）習得しているという点です。このことがL2習得に有利に働くと考えることもできます。たとえば、L1習得をする赤ちゃんは、最初は過去や未来という時間の概念さえ知らないのに対し、その概念や表現形式をL1で身につけていれば、L2習得ではそれをどう表現するかを学べば良いわけです。一方で、L1がL2の習得の妨げになる、**母語干渉**[6]というマイナス面も出てきます。

 ## 4. 子どものL2習得に見られる個人差

　大人のL2習得と比べると見えにくいのですが、子どものL2習得にも個人差があります。つまり、L2習得がうまくいく子とそうでない子がいます。

5　本章のL2習得は、移住先の国で新しい言語を習得するケースを主に想定しており、日本に住みながら外国の言語を学ぶ「外国語習得」とは分けて考えています。
6　「L1干渉」よりも広く使われている専門用語ですので、ここはこう呼びます。

その差が L2 習得の開始年齢に起因する違いであれば、前節で触れた臨界期仮説で説明ができます。日本に 1 年しかいない子どもと、すでに 5 年住んでいる子どもの違いは、滞在年数の違いで説明ができます。L1 が韓国語の子どもと、ポルトガル語の子どもでは、韓国語のほうが日本語と似ているため日本語習得には有利です。ですが、来日年齢や滞在年数に違いはなく、L1 も同じなのに、日本語がどんどん上達していく子とそうでない子がいるのも事実です。個人差が生まれる要因はいろいろと考えられますが、本節では代表的なものとして動機づけと言語適性を紹介します[7]。

　まずは**動機づけ**です。子どもが L2 環境で学校に通うようになると、学校の友達と積極的に関わろうとすることがその言語を身につけようという動機になり、L2 習得が促進されるという事例も報告されています（Wong Fillmore, 1979）。動機づけの研究では、目標言語集団に帰属したいと考えてL2 を学ぶ「統合的動機づけ」と、何らかの目的を達成するための道具としてL2 を学ぶ「道具的動機づけ」の分類がよく知られています（Gardner & Lambert, 1972）。動機が学習者自身の内面から来るものかどうかという点に着目した、内発的動機づけと外発的動機づけという分類もあります（Deci, 1975）。L2 習得においてより効果的な動機づけのタイプは、学習者の置かれた環境にもよります。学校の友達と積極的に関わろうとする動機は、統合的・内発的であることが多いと思いますが、より年長の子どもであれば、日本での進学・就職を目指した道具的な動機づけで L2 習得が進むこともあるかもしれません。

　関連して、クラッシェン（Stephen Krashen）が提唱した L2 習得についての仮説の中に、情意フィルター仮説があります（モニターモデルの五つの仮説[8] の中の一つです）。モニターモデルでは、学習者のレベルにあった理解可能な言語インプットが L2 習得には必要だと考えますが、そのインプットを十分に得られる環境にあるのに、L2 習得が思うように進まないこともあります。その場合、情意フィルターによってインプットがブロックされてい

7　そのほかにも、知能、学習スタイル、性格などが個人差を生み出す要因として考えられています（Lightbown & Spada, 2013, Chapter 3）。

8　習得・学習仮説、自然習得順序仮説、モニター仮説、インプット仮説、情意フィルター仮説です。詳細は、本章末に紹介するような書籍を参照してください。

ると考えるのです[9]。聞きたくないことに対して耳をふさぐような物理的に目に見える動作ではありませんが、見えない心のフィルター（壁）がインプットをブロックしているイメージです。子どもの支援を考えるにあたって大切なことは、もし日本語習得がうまくいかない原因が、日本や日本語に対する子どものネガティブな気持ちにあるのだとしたら、その気持ちへの対処が解決への近道なのかもしれないという可能性を考えてみることです。早く日本語が上達するように周囲の大人が焦っても、心のフィルターが上がったままでは、L2習得はうまくいきません。子どもの日本語教育に関わる私たちが動機づけについて知っておくべきことは、それが生得的・固定的な個人の資質ではなく、周囲の教師や支援者、また子ども同士の働きかけによって、変容していくものだという点でしょう。

　次は**言語適性**です。一般的にはあまり馴染みのない用語かもしれませんが、簡単に説明すると、新しい言語の習得を得意とする人が持っていると考えられる、語学学習のセンスです。分析力や記憶力などを含んだ、L2習得に適した特別な力で、いわゆる知能とは別のものだと考えられています（小柳・向山、2018）。非常に勉強が得意だ（＝知能は高い）けれど、L2・外国語は不得意だ（＝言語適性は低い）という人もいます。大人だけでなく子どものL2習得においても、言語適性が影響するという研究もあります（Abrahamsson & Hyltenstam, 2008; Harley & Hart, 1997）。ただ、動機づけが低い子どもには動機づけを高めるような働きかけをすることは可能だと考えますが、言語適性はある程度生得的なものだと考えられていますので、言語適性が低い子どもの言語適性を高める魔法のような指導方法は、私の知る限りありません。ですが、言語適性について知っておくことは、一人一人の子どもの適性にあった指導を考えるヒントにはなります。たとえば、言語適性のうち分析力が高い子どもであれば、ある程度文法ルールを示しても理解が可能かもしれません。もちろん、文法ルールの提示といっても、大人やある程度年齢の高い子どもに教えるときのように文法用語を使って文法規則を説明するのではなく、助詞など文法的な要素の存在に気付かせたり、自分で

9　情意フィルター仮説も含めて、モニターモデルの五つの仮説は客観的な検証ができないなど、理論としての欠陥が指摘されていますが、L2習得や学習者についていろいろと考えるきっかけを与えてくれるという点においては、有益です。

規則を考えさせてみたり、子どもの年齢や性格に合わせた指導の工夫は必要です。逆に、分析力よりも記憶力のほうが強いのなら、規則の説明ではなく、たくさんの表現例を覚えるような学習法が有効かもしれません。

　モノリンガルのL1習得の場合、誰もがその言語を習得できるので、言語適性はほとんど問題になりません。一方、L2習得はL1習得とは異なり、言語適性も関係し、個人差があるのだということを理解して、一人一人と向き合うことがまず大切ではないかと思います。

5. 子どものL2習得における困難点

5.1 子どものL2習得において習得が難しい言語項目

　2.2節では、バイリンガルの子どもにとってCALPの習得はBICSほど容易ではないということを述べました。本節では、具体的な言語項目（音韻、文法、語彙）に目を向け、子どものL2習得においても習得が難しいものは何かを考えます[10]。

　まず、大人と子どものL2習得を比べると、長期的に身につけるL2能力に関して、子どものほうが優位であることは、先に述べたとおりです。その中でも、文法能力よりは**音韻**能力に年齢の影響が出やすいと考えられています。たとえば、スウェーデンで行われた研究では、L2であるスウェーデン語の習得開始年齢が低いグループと、習得開始年齢が高いグループのスウェーデン語能力を比べると、全体的にも習得開始年齢が低いグループのほうがよくできるのですが、とくに音韻面でその傾向が目立ちます（Abrahamsson & Hyltenstam, 2009）。ただし、このL2スウェーデン語での研究は、かなり低年齢（1〜2歳）で移住してきた場合でも、音韻・文法・語彙能力において必ずネイティブのようになれるわけではないという結果も報告しています。また、L2としてのスペイン語の習得についての研究でも、6歳以前からL2習得を開始した場合でもネイティブと同じ発音を必ず身につけられるとは限らないと報告されています（Granena & Long, 2013）。日

10　「本節で取り上げる言語項目＝CALP」という想定ではありません。

本の学校に通う、日本語を第二言語とする（Japanese as a Second Language [JSL]）子どもたちについても、来日年齢が低いほど自然な発音で日本語を話していると感じる一方で、とても自然な発音で日本語を話す子どもが、作文やプリントに「がこ（学校）」「はだ（旗）」などと書いているのを目にすることがあります。伸ばす音（＝長音）やつまる音（＝促音、小さい「っ」）、無声音と有声音の区別[11] などが正確に聞き分けられていないのではないかと感じます。L2習得の開始年齢が低ければ必ず大丈夫というわけでもないようですので、幼い年齢からのL2習得においても、正確な音韻能力が身についているかどうかは注意したほうが良いと思います。子どもがL1の音韻体系を身につけるのは生後1年以内だという報告もあります（林、1999）。

　次に**形態・統語**（文法）面です。米国への中国系移民の子どもを対象とした研究では、滞米期間5年を過ぎても、調査対象となった10人の子どもの半数以上がL2である英語の形態素の一部（3人称単数 -s、過去形など）を習得できていないと報告しています（Jia & Fuse, 2007）。たとえば「She like_ candies.」のように形態素（-s）の脱落が見られるというのです。一方で現在進行形を表す「-ing」は、比較的早い時期から正確に使われており、5年間の調査終了時には10人全員がマスターしていますので、英語の形態素の中には、習得が難しいものとやさしいものがあるということが分かります。英語のL2習得において、3人称単数の「-s」と進行形の「-ing」のどちらが難しいのかという議論そのものは、日本語教育に直接関係はないかもしれません。しかし「なぜ難しいのか」という議論に踏み込むことで、見えてくることがあります。L2としての英語習得においての形態素の習得順序（つまり難易度の差）を調べた研究は、大人と子ども、どちらについても数多く研究があります。それらの研究成果を総合すると、習得順序を決める要因として、形態素の卓立性（＝その形態素がどれほど目立つか）や使用頻度が関係していることが分かっています（Goldschneider & DeKeyser, 2001）。確かに英語の「-s」と「-ing」では、後者のほうが目立ちます。JSLの子どもを対象に、文法項目の習得順序・段階を報告した研究もありますが（伊藤、

11　子音では、k、s、t、p（カ行、サ行、タ行、パ行）などは無声音、g、z、d、b（ガ行、ザ行、ダ行、バ行）などは有声音です（本書第8章3.3節参照）。

1997)、英語の形態素の習得研究のように「なぜその順序になるのか（なぜ難しいのか）」というところにまで踏み込んだ議論は今のところほとんどありません。

　また、L2 英語の形態素の習得難易度には、L1 の影響もある（L1 と L2 が対応している場合、習得しやすい）という報告もあります（Luk & Shirai, 2009）。ただし、子どもの L2 日本語習得について調査を行った Nishikawa (2021) では、基本的な統語関係を表す主格「が」と目的格「を」は、L1 の中国語では（語順で表されるため）対応する形態素がないにもかかわらず、L1 に対応する前置詞がある「に」「で」よりもやさしいという結果になっています。このように、L2 としての日本語の習得における文法項目の習得難易度に関しては、考えるべきポイントはまだいろいろとありそうです。

　次は**語彙**です。バイリンガル環境で育つ子どもの場合、場面によって各言語を使い分けていることも多いです（Valdés, 1995）。たとえば、家庭では L1、学校では L2 である日本語を使っている場合、家庭生活に関する語彙は L1 で、学校生活に関する語彙は日本語で知っている可能性が高いでしょう。これはとても自然なことです。そのことは理解したうえで、日本語の語彙が少ないことで、日本語での学校生活に支障があるのであれば、やはり支援が必要です。日頃から家事の手伝いをしている JSL の子どもが、家庭科の授業で調理器具の名前（例：まな板、おたま）を日本語では知らないということもあります。また、日本語のモノリンガルにとっては簡単な動詞（例：ご飯を"炊く"、目薬を"さす"）であっても、そのような動作を学校生活の中で経験することが少ない JSL の子どもは、日本語では何と表現するのかを知らないという研究報告もあります（西川・青木、2018）。また、抽象度の高い語や使用頻度の低い語の習得が難しいことも容易に想像できます（ただし、それらの語はモノリンガルの子どもにとっても難しいでしょう）。

　以上、本節では、音韻、文法、語彙面それぞれについて、L2 習得において難しい項目の例を考えました。この点において、JSL の子どもを対象とした研究の蓄積はまだ十分ではなく、今後、さらなる研究の積み重ねが必要です。自分は研究者ではないという場合でも、実際に JSL の子どもと接する機会のある人は、ぜひ子どもたちの使っている日本語をじっくりと観察してみてください。抽象的な意味を持つ漢語や敬語のように日本語モノリンガルの

子どもにとっても難しいものもあれば、本節で紹介した例のように日本語モノリンガルの子どもにとっては簡単な言語項目において、JSL の子どもがつまずいていることもあります。L2 習得において、日本語のどのような部分が難しいのかという点については、本書第 8 章も参照してください。

　JSL の子どもが苦手とする日本語を見つけて、必要な支援を行うことは大切です。ただし、自分ができないことを真っ向から指摘されると嫌な気持ちになる場合もあるでしょう。ましてや、JSL の子どもの大半は、本人が望んで今の環境に置かれているわけではありません。その点についての配慮はしたうえで、子どもが日本語の苦手な部分に向き合えるような支援が必要です。

5.2　L2 習得に見られる誤用

　「*走っているの人」のように連体修飾節において、余分な「の」を挿入する間違いは、日本語の L2 習得過程で頻繁に観察されます。とくに L1 が中国語の場合、中国語との対照で間違いの原因が説明されることが多いです。*のついた例は、間違い（＝非文法的）です。

【名詞＋名詞】日本語：男の子のりんご、中国語：男孩子的苹果
【形容詞＋名詞】日本語：*赤いのりんご、中国語：红色的苹果
【関係節】日本語：*男の子が食べているのりんご、
　　　　　中国語：男孩子在吃的苹果

　日本語では「男の子のりんご」にしか「の」が入らないのに対して、中国語では上記すべてに「的」が入るため、間違ってしまうというのです。しかし、実は「*走っているの人」や「*かわいいの犬」のように余分な「の」を挿入する間違いは、日本語を L1 として習得しているモノリンガルの子どもにも見られます。つまり、間違うこと自体は、必ずしも L2 であるからではありません。また、中国語以外を L1 とする学習者にも同様の間違いが見られるので、上で説明したような中国語の母語干渉だけが原因でもなさそうです。

L2 習得研究においては、**誤用**（error）は、母語干渉や学習者の不注意のようなマイナス面のみが強調されるべきものではなく、むしろ新しく学んでいる言語の規則を学習者が主体的に見つけようとしている証拠として、プラスの評価をするべきものであると考えられています（和泉、2016, p.116）。上の例にしても、「名詞＋名詞」の名詞修飾の場合は「の」を使うのですから、形容詞などによる名詞修飾の場合も「の」が入るのではないかというのは、（間違ってはいるものの）理にかなった推測です。間違うことを否定するのではなく、子どもが自らの力で学ぼうとしている証拠だと考えてみることも大切です。

6. 効果的な L2 指導を考えるために

前節でも触れたように、子どもの L2 習得において習得が難しい言語項目は、モノリンガルとして育つ子どもの L1 習得においても難しいことがあります。ただし、上述の「*かわいいの犬」のような、L1 習得過程での誤用は比較的短期間で消えていきます。同じような間違いが見られる場合でも、それが発達途上の一時的なものなのか、長期間消えることなくずっと残ってしまうのか（＝L2 習得研究では**化石化**と呼ばれています）、注意をしながら JSL の子どもたちの日本語習得を支援していく必要があります。化石化が起こる可能性があるというのは、L1 習得と L2 習得の違いの一つです。

6.1　言語形式の焦点化

語学の教科書や文法書を使って外国語を学んでも、使えるようにはならないという話はよく聞きます。そこで、L2 でのコミュニケーション能力を伸ばすための教授法が 1980 年代前後から注目されるようになりました。その成功例の一つとして、カナダのフレンチ・イマージョン教育があります。英語などフランス語以外を L1 とする子どもが、L2 であるフランス語で小中学校での教育を受けるのです（本書第 5 章 1.1 節参照）。週に数回の授業でフランス語を学ぶのではなく、算数や理科などの教科をフランス語で学びます。**イマージョン教育**を受けた子どもは、L1 である英語力を犠牲にするこ

となく、L2であるフランス語で非常に高いコミュニケーション能力を身につけます。ところが、とくに産出能力を見たときに、正確な文法や語彙が身についていないという問題が指摘されるようになりました（Harley & Swain, 1984）。これは、日本在住の JSL の子どもにも共通する課題です。そこで、フレンチ・イマージョンでは、意味のあるコミュニケーションの中で、必要に応じて言語形式（＝form）に焦点（＝focus）を当てる指導方法が考えられました（本書第5章3節も参照）。**フォーカス・オン・フォーム**（Focus on Form）やフォーム・フォーカスト・インストラクション（Form-focused Instruction）と呼ばれる方法です（Nassaji & Fotos, 2011）。この教え方では、まずベースにあるのはイマージョン教育での教科学習のように、意味のあるコミュニケーションです（つまり、文法学習のためだけに用意された練習問題などではありません）。たとえば、フランス語には男性名詞と女性名詞の区別があります[12]。英語には文法的性の区別がないので、英語をL1 とする子どもにとっては習得が難しいのです。そこで、フランス語で書かれた学習教材において、文法的性を見分けるヒントとなる名詞の語尾が目立つように太字（例：vérité、真実・女性名詞）にしたりします（Lyster, 2004）。イメージとしては、暗いステージの上で注目してほしい登場人物（ここでは名詞の語尾）にスポットライトを当てるような感じでしょうか。ほかにもビンゴゲームなどで、ビンゴシートにある物の名前を、名詞の性と合った正しい冠詞と共に言わせるというような実践例もあります。動詞の活用に焦点を当てた実践例などもありますが、「過去形」という文法用語は、たとえL1 に翻訳されても理解できない子どももいます。どの程度明示的な文法説明を加えるかは、それぞれの子どもに合った方法が必要です。

　日本語でも助詞を目立つように太字にすることによって、JSL の子どもが助詞の存在や使い方に目を向けるようにするなどの応用が可能でしょう。

6.2　フィードバックの与え方

　次に子どもが間違えたときに、どのように**訂正フィードバック**（以下、

12　bureau（机）は男性名詞、table（テーブル）は女性名詞というように、生物学的な性がないものを表す名詞においても、文法的に性を区別します。

フィードバック）を行うのが良いのかについて考えます。L2 学習者に対する口頭フィードバックには、次のようなタイプのものがあるとされています（分類は Lyster & Ranta, 1997、日本語の例は本章の筆者作成）。下線部が誤用です。

①リキャスト：会話の流れを途切れさせず、さりげなく誤用を修正する方法

　　　　学習者：昨日、アイスクリームを<u>食べる</u>。

　　　　教師：へー、昨日、アイスクリームを食べたのね。

②明示的訂正：誤用があることをはっきりと示し、正しい形式を提示する方法

　　　　学習者：昨日、アイスクリームを<u>食べる</u>。

　　　　教師：食べるじゃなくて、食べた、だよ。

③明確化の要求：（誤用があることを知らせ）学習者自身に正用を産出させようとする方法

　　　　学習者：紙を 1 <u>個</u>ください。

　　　　教師：え、1 個じゃなくて、1……？

④メタ言語的フィードバック：何が間違っているのかについて説明をする方法（文法用語を使うことも）

　　　　学習者：昨日、アイスクリームを<u>食べる</u>。

　　　　教師：昨日のことだよね。／過去形だよね。

⑤誘出：誤用の直前まで繰り返し、学習者に正しい形式の発話を促す方法

　　　　学習者：昨日、アイスクリームを<u>食べる</u>。

　　　　教師：昨日、アイスクリームを食べ……？

⑥反復：誤用も含めて学習者の発話をそのまま繰り返す方法

　　　　学習者：教室<u>で</u>いた。

　　　　教師：教室でいた？（助詞を強調しながら）

上記 6 種類のフィードバックのうち、①と②は正しい形式を教師の側が提示しているのに対し、後者四つは正しい形式を学習者本人が産出することを

求めています（後者四つはまとめて「プロンプト」とも呼ばれます）。L2 習得研究では、とくにリキャストとプロンプトを比較して、どちらがより効果的であるかという論争がなされてきました。**リキャスト**は、正用を教師が示すため、学習者が正用を知らなくても良いという点や会話の自然な流れを妨げないという利点がある一方、フィードバックを受けていることに学習者が気づかないこともあるというマイナス面があります。**プロンプト**は、学習者が正用あるいは正用を導き出すためのルールを知らないと訂正ができないという問題はありますが、正しい形式を学習者自身が導き出そうとする過程は、言語習得にプラスの効果をもたらす可能性があります。実際に子どもに接する際には、1種類のフィードバックだけを使い続けることはないでしょうから、リキャストとプロンプトのどちらが効果的なのかということよりも、それぞれについて、なぜ効果的なのかという利点とマイナス面の両方を踏まえて使い分けると良いでしょう。JSL の子どもが日本語を間違えた際に、どのようにフィードバックを与えるかについては、本人の日本語能力や性格なども考える必要がありますが、上のような L2 習得研究における議論も参考にしてみてください[13]。

 ## 7. もっと詳しく知りたい人のために

　本章で扱った内容について、もっと詳しく知りたい人には、以下のような本・論文がお薦めです。

　奥野編（2021）『超基礎・第二言語習得研究』は、日本語教育の文脈の中で、第二言語習得研究の基本事項について学べる良書です。Lightbown & Spada（2013）*How languages are learned, 4th edition*[14] は、L2 習得研究と教育実践との接点に比較的重点を置いており、また、ほかの概説書と比べ、子どもを対象とした事例を多く取り上げています。原著も比較的分かりやすい英語で書かれていますし、白井・岡田訳（2014）『言語はどのように学ばれるか―外国語学習・教育に生かす第二言語習得論―』として日本語訳も出てい

13　フィードバックの効果について、L2 習得研究でどのような研究の積み重ねがあるのかは、大関編（2015）が詳しいです。

14　日本語訳があるのは第 4 版ですが、英語は Fifth edition が 2021 年に出版されています。

ます。西川（2018）「子どもの第二言語習得研究と日本語教育—JSL の子どもを対象とした研究と実践への道しるべ—」は、本章のもとになった論文で、本章よりも先行研究が数多く引用されています[15]。中島（2016）『［完全改訂版］バイリンガル教育の方法—12 歳までに親と教師ができること—』は、書名からも分かるように教師や研究者だけでなく、バイリンガルの子どもを育てる親も読者として想定されており、読みやすいです。

8. L2 習得研究の知見を子どもの日本語教育にどう生かすか

　本章では、L2 習得研究の数多くの理論や研究成果のうち、子どもの日本語教育にすぐに役立ちそうなものに絞って紹介しました。「いや、この章を読んでも明日の授業には役には立たないよ」と感じる読者もいるかもしれません。この章を通して、筆者が伝えたかったのは、人はどのように L2 を学ぶのか、そのメカニズムを理解することによって、一人一人の子どもにあった日本語支援を考えることができるという点です。子どもの L2 習得の状況を客観的に捉え、教師が工夫をして教材や指導方法を生み出していくこと（本書第 4 章 4 節も参照）は、多様な背景を持つ子どもを相手にする日本語教育ではとても大切です。L2 習得研究の知見が、明日の授業にどのように役立つか、考え、行動に移してみてください。

引用文献

和泉伸一（2016）『第 2 言語習得と母語習得から「言葉の学び」を考える—より良い英語学習と英語教育へのヒント—』アルク

伊藤早苗（1997）「年少日本語学習者の構文習得—縦断的事例研究—」『北海道大学留学生センター紀要』第 1 号、68-82.

大関浩美（編）（2015）『フィードバック研究への招待—第二言語習得とフィードバック—』くろしお出版

奥野由紀子（編）（2021）『超基礎・第二言語習得研究』くろしお出版

グロジャン、フランソワ（2018）『バイリンガルの世界へようこそ—複数の言語を話すということ—』（西山教行監訳）勁草書房

15　<https://www.kodomo-no-nihongo.com/journal/archives/1> からダウンロード可。

小柳かおる・向山陽子（2018）『第二言語習得の普遍性と個別性―学習メカニズム・個人差から教授法へ―』くろしお出版

中島和子（2016）『［完全改訂版］バイリンガル教育の方法―12歳までに親と教師ができること―』アルク

西川朋美（2018）「子どもの第二言語習得研究と日本語教育―JSLの子どもを対象とした研究と実践への道しるべ―」『子どもの日本語教育研究』第1号、38-60.

西川朋美・青木由香（2018）『日本で生まれ育つ外国人の子どもの日本語力の盲点―簡単な和語動詞での隠れたつまずき―』ひつじ書房

林安紀子（1999）「声の知覚の発達」桐谷滋（編）『ことばの獲得』第2章、ミネルヴァ書房、37-70.

Abrahamsson, N., & Hyltenstam, K. (2008). The robustness of aptitude in near-native second language acquisition. *Studies in Second Language Acquisition, 30*(4), 481-509.

Abrahamsson, N., & Hyltenstam, K. (2009). Age of onset and nativelikeness in a second language: Listener perception versus linguistic scrutiny. *Language Learning, 59*(2), 249-306.

Cummins, J. (1984). *Bilingualism and special education: Issues in assessment and pedagogy*. College-Hill Press.

Cummins, J. (2000). *Language, power and pedagogy: Bilingual children in the crossfire*. Multilingual Matters.

Deci, E. (1975). *Intrinsic motivation*. Plenum Press.

Gardner, R., & Lambert, W. (1972). *Attitudes and motivation in second language learning*. Newbury House.

Goldschneider, J., & DeKeyser, R. (2001). Explaining the "natural order of L2 morpheme acquisition" in English: A meta-analysis of multiple determinants. *Language Learning, 51*(1), 1-50.

Granena, G., & Long, M. (2013). Age of onset, length of residence, language aptitude, and ultimate L2 attainment in three linguistic domains. *Second Language Research, 29*(3), 311-343.

Harley, B., & Hart, D. (1997). Language aptitude and second language proficiency in classroom learners of different starting ages. *Studies in Second Language Acquisition, 19*(3), 379-400.

Harley, B., & Swain, M. (1984). The interlanguage of immersion students and its implications for second language teaching. In A. Davies, C. Criper, & A. P. R. Howatt (Eds.), *Interlanguage* (pp.291-311). Edinburgh University Press.

Jia, G., & Fuse, A. (2007). Acquisition of English grammatical morphology by native Mandarin-speaking children and adolescents: Age-related differences. *Journal of Speech, Language, and Hearing Research, 50*(5), 1280-1299.

Johnson, J., & Newport, E. (1989). Critical period effects in second language learning: The influence of maturational state on the acquisition of English as a second language. *Cognitive Psychology, 21*(1), 60-99.

Lightbown, P., & Spada, N. (2013). *How languages are learned* (4th ed.). Oxford University Press.［ライトバウン P. M.・スパダ，N.（2014）『言語はどのように学ばれるか―外国語学習・教育に

生かす第二言語習得論―』（白井恭弘・岡田雅子訳）岩波書店〕

Luk, Z. P., & Shirai, Y. (2009). Is the acquisition order of grammatical morphemes impervious to L1 knowledge? Evidence from the acquisition of plural -s, articles, and possessive 's. *Language Learning, 59*(4), 721-754.

Lyster, R. (2004). Differential effects of prompts and recasts in form-focused instruction. *Studies in Second Language Acquisition, 26*(3), 399-432.

Lyster, R., & Ranta, L. (1997). Corrective feedback and learner uptake: Negotiation of form in communicative classrooms. *Studies in Second Language Acquisition, 19*(1), 37-66.

Nassaji, H., & Fotos, S. (2011). *Teaching grammar in second language classrooms: Integrating form-focused instruction in communicative context.* Routledge.

Nishikawa, T. (2021). Acquisition of morphology by L2 children in naturalistic environments: A case of Japanese case markers. *International Review of Applied Linguistics in Language Teaching.* Advance online publication.

Snow, C. E., & Hoefnagel-Höhle, M. (1978). The Critical Period for language acquisition: Evidence from second language learning. *Child Development, 49*(4), 1114-1128.

Valdés, G. (1995). The teaching of minority languages as academic subjects: Pedagogical and theoretical challenges. *The Modern Language Journal, 79*(3), 299-328.

Wong Fillmore, L. (1979). Individual differences in second language acquisition. In C. Fillmore, D. Kempler, & W. Wang (Eds.), *Individual differences in language ability and language behavior* (pp.203-228). Academic Press.

Wong Fillmore, L. (1991). When learning a second language means losing the first. *Early Childhood Research Quarterly, 6*(3), 323-346.

第8章

日本語という言語を外から見る

中石ゆうこ

Q

　日本語を母語としない人にとって、日本語のどのようなところが難しいのでしょうか。英語や中国語と比べたときに、日本語にはどのような特徴がありますか。敬語や文字の違いくらいしか思いつかないのですが、ほかにもありますか。

A

　日本語の難しさは学習者の母語や年齢によって異なりますが、音声では特殊音素（「ん」、「っ」、長音）の拍感覚をつかむのが難しい学習者が多くいます。語彙では日本語は文章を理解する際に必要になる語数が多いこと、文脈に合わせて和語、漢語、外来語を使い分けること、オノマトペ、助数詞などの区別を正しく理解することが難しいところです。日本語教育の文法は学習者が学びやすいように学校の国語科で学ぶ文法とは異なる体系で整理されています。

1. 本章の内容

本書のさまざまな箇所でも述べられているように、学校教育の現場ではしばしば「日常会話に問題がないのに授業についてこられない」という現象が報告されます。話している様子を見る限りは流暢に見えても、日本語を第二言語とする（Japanese as a second language [JSL]）子ども（以下、JSL の子ども）の日本語にいつまでも直らない誤りがある場合、その問題の根っこを探ると、日本語という言語の特徴が関わっていることがあります（本書第 7 章 5 節も参照）。

最初に身につけた一つ目の言語（母語）があるうえで、二つ目の言語（第二言語）として日本語を学ぶ学習者（以下、学習者）にとって、日本語はどのように難しいのでしょうか。そこで本章では、表記、音声、語彙、文法に関して、大人を対象とした日本語教育の指導での扱われ方と、その基盤となっている日本語学が明らかにしてきた日本語の特徴のうち、JSL の子どもの日本語指導をする際に知っておくと役に立つ知識を示します。**日本語学**は、日本語という言語の特徴を明らかにする学問です。日本語教育には日本語学の知見が取り入れられ、大人の学習者を対象として研究が蓄積されてきましたが、その知見には子どもの日本語教育にも活かせるものが多くあります。

2. 表記

2.1 文字の種類とその指導

日本語の文字の種類は、ひらがな、カタカナ、漢字、そしてローマ字の 4 種類です。学習者の年齢や教育機関を問わず、日本語の授業でまず習うのは、多くの場合ひらがなです。

JSL の子どもだけではなく、大人の学習者も日本語母語話者の子どもに見られるのと同じように、図 1 の例のような、文字の左右がひっくり返る鏡文字が見られることがあります。また、「は」と「ほ」、「た」と「に」、

図1　鏡文字の例

「ハ」と「ル」など似た字形が混乱することもあります。

　表記の指導では、学習者が文字の洪水に飲まれないように順を追って学んでもらう工夫が必要です。具体的には、たとえば、ひらがなだけは先に読めるようになってもらい、漢字やカタカナは、よく目にするものだけ教えて、徐々に数を増やしていくという工夫も考えられます。カタカナは、漢字の指導に用いられることがあります。たとえば「『加』という漢字はカタカナの『カ』と漢字の『口』、『図』という漢字は『口』の中にカタカナの『ツ』を書いてから点、という字」といった具合です。カタカナが定着していない段階であれば、こういった漢字の説明を受けることは難しいでしょう。

2.2　漢字圏学習者・非漢字圏学習者への漢字指導

　漢字圏学習者とは、母国などの生活圏で日常的に漢字に触れる学習者のことです。中国語を母語とする学習者は母語の文字体系に漢字があり、その典型です。周辺的には、母語の語彙に中国語由来の漢語が多く存在する言語である韓国語、ベトナム語を母語とする学習者も含まれます。一方、**非漢字圏学習者**とは、それ以外の、漢字を日常的に目にする機会がほとんどない学習者のことを指します。

　非漢字圏学習者は、漢字を一目見ただけでは、どのパーツからどの順番で書けば良いのか把握するのが難しいようです。書き方を十分に教えられない場合、漢字を図形のように捉えて、好きな部分から書き写してしまったりすることがあります。最終的な形が似ていることに学習者の注意が向きやすく、筆順が違っていたり、字形のバランスが崩れたりすることも多くあります。

　学習者が漢字を自然に目にすることができるように、大人対象の初級教科書では、少し進んだ課からは漢字仮名交じり文を用います。日本語教育では、未習語に振り仮名を振りますが、横書きの文章の振り仮名が文の上ではなく下に振られることがあります。その理由は、教科書を使って漢字を読む練習をする際に、学習者が紙などで振り仮名を隠しながら文を読むことができるようにするためです。

　一方、漢字圏学習者は大人であれば、母語の漢字の知識を日本語学習に用いることができます。しかし、漢字圏学習者も漢字学習の問題がまったく無

いわけではありません。漢字の意味から文意をつかめるために、意味だけ理解して文を読み進めてしまい、音読をしてもらうと正確に読めないということがあります。また、中国やシンガポールでは簡体字が用いられ、台湾や香港では繁体字が用いられる（伊奈垣、2015）というように、国や地域で使用される漢字の字体が日本語と異なる場合があります。

それに加えて、漢字圏学習者であっても JSL の子どもの場合は、漢字の知識が子どもによってさまざまです。たとえば、日本で生まれ育った継承語話者の場合、中国語の会話はできても中国語の文章はほとんど読めないという子どもがいます（本書第 9 章参照）。学齢期に移動してきた子どもも、母国で習った漢字を忘れていることがあります。

3. 音声

母語にない音声を発音したり、聞き取ったりするのは難しく、音声には母語の影響が大きく現れると言われます（大関、2010, p.29）。大人の学習者だけではなく、JSL の子どもにとっても音声の習得は難しいものです（本書第 7 章 5.1 節も参照）。この節では、多くの学習者にとって発音が難しい音の代表として、特殊音素、「つ」、有声音、無声音を取り上げます。

3.1 特殊音素

日本語の発音でとくに難しいのは、撥音（はつおん）=「ん」、促音 =「っ」、長音＝伸ばす音（片仮名で書いた時に長い棒「ー」で表す音）から成る**特殊音素**です。これらの音素が含まれる語のリズムをつかむことが難しい学習者が多くいます。

これらの特殊音素を指導する際には、手をたたきながら日本語の単語を発音したときに、1 拍取って発音します。「かんばん」（4 拍）、「きって」（3 拍）、「コーヒー」（4 拍）です。学習者は、これらの特殊拍で 1 拍分の時間を取ることがうまくできず、指導が必要になることが多くあります。また、特殊音素の拍感覚は音声だけではなく、表記にも影響します。1 拍分の時間の感覚が分からない場合、それを正しく聞き取って原稿用紙のマス目に合わ

せて正しく文字化するのは難しいでしょう（本書第7章5.1節も参照）。松崎（2006, p.12）は、これとは逆に、語彙の表記を正しく覚えれば、それを使って拍感覚も身につく可能性があることを指摘しています。音声と表記、語彙は密接な関係にあります。

3.2 「つ」

五十音図の中の音では、「つ」[tʃɯ] が難しいという学習者が多くいます。この音がない言語（英語、フランス語、スペイン語、ポルトガル語、韓国語、インドネシア語、マレーシア語、タイ語、ラオス語、ベトナム語、カンボジア語、ビルマ語、アラビア語、トルコ語など）を母語とする人には難しい音です（東京外国語大学言語モジュール[1] より）。

「つ」が「す」となるのは、英語、韓国語、タイ語、トルコ語を母語とする学習者の発音に見られます（松崎、2006, p.9）。「つき（月）」が「好き」のように聞こえたり、「つださん（津田さん）」が「すださん（須田さん）」のように聞こえたりするので、誤解が生じることがあります。「ちゅ」となるのは、韓国語、インドネシア語、タイ語、ベトナム語などを母語とする学習者です（松崎、2006, p.9）。「ちゅき」、「ちゅださん」のように発音すると幼い印象になります。

「つ」が発音できない場合は、「舌先を下の歯の裏につけてからすぐに「す」と言ってください」と指導します。英語は [ts] という子音が語末に現れるので、英語を知っている学習者には「英語の "cats" の『ツ』です」というように指導することもあります。

3.3 有声音・無声音

国語の時間に濁音、清音という用語を習ったかもしれません。音声学ではこの用語を使わず、有声音、無声音という語で表します[2]。**有声音**は喉を震わ

---

1 <http://www.coelang.tufs.ac.jp/mt/ja/pmod/practical/01-01-01.php>（2021 年 8 月 30 日アクセス）

2 濁音と有声音、清音と無声音は完全にイコールではありませんが、たとえば「ば」、「だ」、など濁点のつく文字の子音、つまり [b]、[d] など濁音の子音は有声音です。また、「さ」、「か」など、濁点がつかない文字の子音、つまり [s]、[k] など清音の子音の多くは無声音で

す音で、声帯を振動させて発音しています。一方、喉を震わせない音を**無声音**と言います。たとえば、[k]、[g] はとてもよく似た音です。この二つの音の調音点（音を出す時に口腔内で狭まる場所）と調音法（呼気をどのように、どの程度遮断して音を出すかという方法）は同じで、違いがあるのは、[g] が声帯を振動させる有声音であるのに対して、[k] は声帯を震わせない無声音であるということだけです。

　有声音、無声音の区別が母語にないため、[p] と [b]、[k] と [g]、[t] と [d] の区別が難しい学習者もいます。たとえば、中国語、韓国語を母語とする学習者です。タイ語を母語とする学習者は [k] と [g] の区別が難しいですが、[p] と [b]、[t] と [d] はほとんど間違えません（松崎・河野、2008）。

　有声音、無声音の区別が正しく認識できないことは、濁点の有無を正しく表記できないことにつながります。この点からも、音声と表記の問題が連動していることが分かります。

 # 4. 語彙

　日本語は、ほかの言語に比べて文章を理解するために多くの語彙が必要になる言語です（玉村、1984; 2005）。表 1 に示すように、日本語では使用頻度の高い上位 5000 語では雑誌の語彙の約 80％しかカバーしません。一方、英語、フランス語では上位 1000 語、中国語、韓国語、ロシア語では 2000 語で、その言語で書かれた文章の約 80％がカバーできます。

表 1　語数とカバー率（玉村、2005）

	英語	フランス語	中国語	韓国語／朝鮮語	ロシア語	日本語
～500 語			63%	66%	57%	51%
～1000 語	80%	83%	73%	73%	67%	60%
～2000 語	86%	89%	82%	81%	80%	70%
～3000 語	90%	92%	86%	85%	85%	75%
～4000 語	92%	94%	89%	87%	87%	77%
～5000 語	93%	96%	91%	89%	92%	81%

　す。イコールではないと言ったのは、清音の子音のうち、「な」行、「ま」行、「ら」行の子音は有声音であるからです。

確かに一人称 "I"、"我" に対して、日本語では「わたし」「わたくし」「あたし」「ぼく」「おれ」「うち」「こちら」「手前」「拙者」「吾輩」など、多くの語が存在しています。また、米を炊いたものを表す際に、日本語では「ごはん」「飯」「ライス」を文脈に合わせて使い分けています。

このため、日本語教育では多くの語彙を扱うことになります。その際に重要なポイントは、指導する語が使用語彙と理解語彙のどちらなのかを区別して指導するということです。**使用語彙**とは、書く、話すというアウトプットの活動で用いる語彙のことです。**理解語彙**とは、読む、聞くというインプットの活動で意味が分かる語彙です。大人の学習者への語彙指導では、理解語彙は読んで、あるいは聞いて分かれば良いので、活動の際には重みづけを軽くし、作文や発表、会話で使用できるようになってほしい使用語彙の学習に時間を使えるように工夫されています。

4.1　日本語の語種

さて、ここからは日本語の語彙の性質について見ていきましょう。日本語の**語種**には**和語**、**漢語**、**外来語**があります。1994 年発行の 70 誌の雑誌（「現代雑誌 200 万字言語調査語彙表」[3]）を用いた語種分布調査によると、異なり語ではジャンルを問わず和語よりも漢語の割合が高く、外来語の割合も、最も低い「総合・文芸」のジャンルでも 13.8％ という結果です（山崎、2017）。これは、もし雑誌に出てくる語彙のリストを作成すれば、10 語に 1 語は外来語となるということです。この結果から、日常生活の情報リソースを理解するには、和語、漢語、外来語のいずれの語種も重要であることが分かります。

外来語は「パン」（ポルトガル語）、「カルテ」「ゼッケン」（ドイツ語）、「レトルト」「ランドセル」（オランダ語）など英語以外の言語に由来するものもあり、また英語由来であっても、「ミシン」(machine)、「アイロン」(iron) など、日本語の発音からもとの語が推測できるわけではない語や、「ドリンクコーナー」「バイキング」などの和製英語も多くあるので、学習者

3　<https://ccd.ninjal.ac.jp/mag200.html>（2021 年 8 月 20 日アクセス）

にとって案外難しい語彙です。

　漢語に関しては、中国語を母語とする学習者は非漢字圏学習者に比べて有利であることは確かです。しかし、たとえば「勉強」が中国語では「無理をして何かをする」という意味を持つ（張、2004, p.94）など、漢語の語彙の意味が日本語と中国語で大きくずれている場合があります。中国語にない漢語は漢字の意味から推測して、「地味」（土地の味＝土地の名産品）、「油断」（油を断つ＝油を取らないダイエット）と誤った解釈をする学習者もいるようです（小森、2015）。また、両言語で共通する漢語であっても、品詞にずれがあることが誤りにつながります。たとえば、「混乱」は日本語では名詞または動詞（「混乱する」というように「する」が後接する複合動詞）ですが、中国語では形容詞なので、「混乱になる」とする誤りが見られます。

　日本語の語彙には、「町づくり（和語＋和語）」「校内美化（漢語＋漢語）」「チャレンジタイム（外来語＋外来語）」のように、単純語と単純語を合わせた複合語も数多くあります。複合語には、同じ語種が合わさったものと「題材探し（漢語＋和語）」「スポーツ中継（外来語＋漢語）」のように、異なる語種が合わさった混種語があります。二つの動詞が合わさった複合語である複合動詞のうち、「取り出す」（「取って」＋「出す」）、「突き飛ばす」（「突いて」＋「飛ばす」）、「見回る」（「見ながら」＋「（周辺を）回る」）などは、それぞれの動詞の意味から意味を推測できるので大きな問題はありませんが、「引き受ける」「落ち込む」「取り乱す」「聞き入る」「持て余す」のように、複合動詞の意味がもとの動詞の意味とかけ離れた意味になるものが数多くあります。たとえば、「引く」（英語：pull、中国語：拉）と「受ける」（英語：receive、中国語：接受）の二つの語を対訳辞書で引いても、「引き受ける」（英語：undertake、中国語：承担）の意味は推測できません。JSL の子どもが「意味が分かる」という場合にも、二つの動詞の意味を機械的に合わせて、誤った解釈をしていないかどうか確認したほうが良いでしょう。

4.2　二言語間の意味・用法のずれ

　二つの言語の語が対訳で示されていても、その二つの語が完全にイコールで対応することはなく、かならず意味や用法のずれがあります。たとえば、

「壊す」、"break" の場合、日本語、英語の二つの動詞はいずれも「機械」「ブロック」などを「破壊する」イメージが共通します。しかし、英語では "break" を用いて、"I broke the window."、"I broke my arm."、"I broke the record." と表す文が、日本語では「窓を割った」「腕（の骨）を折った」「記録を破った」というように、「壊す」以外の動詞「割る」「折る」「破る」が用いられます。これを "break" イコール「壊す」と考えて、「窓を壊した」「腕（の骨）を壊した」「記録を壊した」と訳すのは不自然です。中国語の場合も、たとえば「呼吸」は「呼吸困難」「人工呼吸」のような複合語を持ち、日本語と同じく、生理的な空気の吸い込み、吐き出しを表す点で共通しますが、「呼吸を合わせる」「呼吸を心得る」のような、人同士が気持ちを合わせる、技を体得するというような意味は中国語にはないということです（張、2004, pp.63-64）。このように、対訳で示される関係にある語が、二つの言語で意味範囲が大きくずれていることがあります。

　また、ある動詞が作る構文は言語によって異なるので、意味だけではなく動詞の用法も教えることが重要です。たとえば、動詞「溶かす」の場合、主語、目的語として、「私がバターを溶かす」というように、「（人）が（もの）を溶かす」という構文で、助詞「が」「を」を伴って使用されますが、「太陽が雪を溶かした」というように、母語の影響で、物を主語にした構文を好む学習者もいます。

4.3　オノマトペ

　一般に母語に区別がない語を、日本語でより詳しく区別して表す場合、それぞれの語がどのように使い分けられるのかを理解するのは難しいと考えられます。日本語で細かい意味の区別が求められる語彙の一つとして、オノマトペがあげられます。**オノマトペ**は、物が発する音や物事の様子を、それを想起させる音で表す語で、擬音語、擬態語とも呼ばれます。

　たとえば、「ゴロゴロ」と「コロコロ」、「ドンドン」と「トントン」は、音を出す物が大きいか、小さいかで区別されます。「ザラザラ」と「サラサラ」は肌触り、「ギラギラ」と「キラキラ」は光の強さや、それによる快、不快などで区別されます。これらの語は、3.3 節で触れた、有声音、無声音

の区別の難しさにも重なり、学習者によっては聞き取って区別するのが難しい語です。

オノマトペは日本語母語話者の場合、幼児向けの絵本の題材になったり、養育者のことばによく使用されたりと、幼少期からなじみ深い語彙です。小学校国語科の授業でも、オノマトペは「ようすをあらわすことば」の一つとして低学年から指導されます。ところが、学習者にとっては、あるオノマトペを聞いても、音から想起して意味を正しく捉えることができるわけではありません。中国語を母語とする大人の学習者は、「ムカムカ＝星の輝き」、「ハラハラ＝元気な様子」というように、意味を誤って推測する場合があります（中石ほか、2011）。JSL の子どもでも、幼少期に日本語に触れない環境で育った子どもの場合、オノマトペは難しい可能性があるでしょう。

「痛みに！ズバリ」という薬の広告コピーや「列島ブルッ」という新聞の見出しに見られるように、オノマトペを使って短く表現することがあります。日本語母語話者はこのようなオノマトペの使用例を読んで、省略された動詞が何か推測できます（田守、2002, p.9）が、このようなオノマトペの後ろが省略された使用には大人の学習者は困惑します（彭、2007）。小学校の学級目標などでも、たとえば「どんどん」「はきはき」「ぐんぐん」のようにオノマトペを見かけますが、文脈の手がかりが少なく、JSL の子どもにも理解が難しいかもしれません。

4.4 助数詞

「～本」「～人」など、ものを数えるときに数字と共に用いる**助数詞**は小学校低学年の算数科の文章題では多く出現しますが、学習者にとって難しい語彙です。

日本語では、大きい動物の場合は「～頭」、小さい動物は「～匹」ですが、「羊」「豚」「やぎ」など、どこまでが「大きい」と判断すればよいのか理解が難しいでしょう。ほかにも、細長いものを表す「～本」は、「鉛筆」「傘」「木」などは典型的ですが、「ジュース」「大根」など、相対的に細長いものも、さらには「動画」「映画」なども「～本」で数えるとなると理解が難しくなります。「ヘビ」「ウナギ」「マグロ」など、細長くても生物の場合

は「〜匹」で数えますが、魚の場合は、水揚げされて食料になると「〜本」「〜尾」と数えられるということも知らなければなりません。

「〜つ」「〜人」「〜束」「〜組」「〜切れ」のような助数詞は、たとえば「一つ」が「いちつ」ではなく「ひとつ」と読むように、数字の読み方が和語になるので、指導の際には注意が必要です。

また「〜本」「〜匹」「〜杯」など、語頭がハ行の助数詞は、前に来る数字によって読み方が変わります。たとえば、「〜本」は、「ほん」「ぽん」「ぼん」と読み分けます。算数の文章題で「6ぽん」という濁音での解答は不正解にするという指導が行われることがありますが、有声音、無声音の区別が母語にない子どもにとっては、音声の習得の難しさもあいまって、ひらがなで正しく書くことは難しいでしょう。

5. 文法

　日本語教育について専門的に習っていない指導者は、「文法指導」と聞くと、まずは自分が学校教育の国語科で学ぶ文法（以下、**学校文法**）を思い出すでしょう。ところが、学校文法と第二言語として日本語を学ぶ学習者のための日本語文法は目的と方法が異なるため、指導者になじみのある学校文法の知識をそのまま JSL の子どもの指導に用いることはできません。

　日本語母語話者の場合、学校で日本語の文法を学習する段階では、すでに日本語を使えるようになっています。ですから、日本語母語話者にとって文法は、頭の中にある、文の組み立て方の知識を整理して説明するためのものです。一方、日本語を一から学ぶ学習者の場合、これから日本語を使えるようになるために、日本語の文法を学びます。そのため、学習者のための日本語文法では、日本語母語話者のための日本語文法とは異なる用語と説明が用いられます。

　文法を一つずつ体系的に学ぶ大人の言語習得と比べると、JSL の子どもの場合は、文法を体系的に順序立てて言語化して教えられなくても、自然に身につけていくことも多いものです。JSL の子どもに対して、文法を説明しながら教えることが効果的かどうかについては、今後、十分に検証され、議論されていくべきです（本書第7章6.1節も参照）が、現状では、JSL の子ど

もへの文法指導の枠組みに、大人向けの日本語教育で教えられる「学習者のための日本語文法」が用いられることがあります。そこで、この節では大人向けの日本語教育で教えられる「学習者のための日本語文法」のうち、最も基礎的な知識である、品詞、文の構造、動詞の活用と動詞グループについて順に見ましょう。

5.1　品詞

学校文法では、品詞は次のように分類されます。括弧の中は語の例です。

> 名詞（りんご、図書館、もの、こと、時間、原因）
> 動詞（書く、読む、いる、笑う）
> 形容詞（うれしい、大きい、おもしろい）
> 形容動詞（すてき、しずか、幸せ）
> 助詞（に、で、が、は、ね、よね）
> 副詞（だいたい、とても、かなり）
> 連体詞（ある［日］、こんな）
> 接続詞（しかし、だから、ところで）
> 感動詞（へえ、いいえ、もしもし、こんにちは）
> 助動詞（だろう、らしい、べきだ）

このうち、「連体詞」「助動詞」という分類は、日本語教育の文法の説明では普通用いません。助動詞は、日本語教育では品詞として説明せずに、述語にくっつく補助形式として扱います。補助形式は、特定の意味を表す文型（または構文と呼ばれる）として説明されます。たとえば、「（友達が）来ませんでした」の場合、学校文法では動詞「来る」に「ます」（丁寧）と「ぬ」（否定）と「です」（断定・丁寧）と「た」（過去）という助動詞が接続していると分析されますが、日本語教育の文法では、そこまで細かく分けて説明せずに、動詞「来－ます（マス形）」に「～ませんでした」という過去・否定を表す文型がくっついていると教えます。また、「（雨が）降るでしょう」の場合、学校文法では動詞「降る」に「です」（断定・丁寧）と「う」（推

量）という助動詞が接続していると分析されますが、日本語教育の文法では、動詞「降る（辞書形）」に推量を表す「〜でしょう」という文型がくっついていると教えます。

5.2 文の構造

　日本語教育の文の基本構造を図示すると、図2のようになります。日本語の文では、動詞や形容詞が述語として文末に位置します。文は述語の前にいくつかの「名詞＋助詞」が置かれることで成り立っています。「名詞＋助詞」は**補語**と呼ばれます。

| 名詞 | 助詞 | | 名詞 | 助詞 | | 名詞 | 助詞 | … | 述語 | 補助形式 |

図2　文の基本構造（寺村、1982 をもとに筆者作成）

　補語には、文の必須成分であるもの（必須補語）と、描写を詳しくするためのもの（副次補語）があります。たとえば、「昼休みに　カフェで　みどりさんは　コーヒーを　飲む。」という文であれば、「みどりさんは」「コーヒーを」が必須成分です。ですから、たとえば「コーヒーを」を除いて「昼休みに　カフェで　みどりさんは　飲む。」とすると、何を飲んでいるのか情報が不足していて不十分です。一方、残りの補語「昼休みに」「カフェで」は描写を詳しくするためのものですから、「昼休みに」「カフェで」を除いても文が成り立ちます。

　補語の語順が、話し言葉では比較的自由であることも日本語の特徴です。以下のように、補語の語順を入れ替えた文はいずれも可能です。

　　昼休みに　カフェで　みどりさんは　コーヒーを　飲む。
　　昼休みに　みどりさんは　カフェで　コーヒーを　飲む。
　　昼休みに　コーヒーを　カフェで　みどりさんは　飲む。
　　カフェで　昼休みに　みどりさんは　コーヒーを　飲む。
　　カフェで　みどりさんは　昼休みに　コーヒーを　飲む。　…など

159

また、くだけた話し言葉などでは、文脈上明らかな補語、あるいは助詞を省略することがよく起こることも日本語の特徴です。補語を省略するとは、たとえば「もう全部食べた？」というような表現のされ方です。この文では「誰が」「何を」が省略されています。助詞を省略するとは、たとえば「リンちゃん宿題やった？」というような表現です。助詞「は」「を」が省略されています。大人の学習者の場合、日常生活で耳にする文が日本語教育で習った文型の通りではなくて戸惑うことがあります。一方、JSL の子どもの場合は、日常会話ではよく行われる補語や助詞の省略が、作文では適切ではなく、省略しないで書く必要があることを指導しなければならないでしょう。

　さて、大人の日本語教育の文法指導では、文を組み立てるためのパーツを順番に学習する、文法積み上げ式で設計されています。文法指導の流れとして、初級の前半は、日本語の文の構造の根幹である、動詞文、形容詞文、名詞文という三つの述語文とそれぞれの活用を学びます。形容詞文はイ形容詞文とナ形容詞文から成ります。イ形容詞は学校文法でいうところの形容詞、ナ形容詞は形容動詞です。最もシンプルな文型[4] で示すと、次のようになります。

動詞文：	N は V ます。	（例：私は寝ます。）
形容詞文：	N は i Adj です。	（例：冬は寒いです。）
	N は na Adj です。	（例：図書館は静かです。）
名詞文：	N は N です。	（例：私は学生です。）

　初級レベルの文法では、上記の四つの述語文それぞれの丁寧形での活用（肯定・否定・過去・非過去）を学び、これらの述語文に肉付ける形で、動詞文を中心にして活用形とそれに対応した「禁止」「依頼」「許可求め」など、さまざまな意味機能を持つ文型や、文と文のつなげ方（複文や名詞修飾）を学びます。

4　N は名詞、V は動詞、i Adj はイ形容詞、na Adj はナ形容詞の略語として、日本語教育で用いられることがあります。

5.3 　動詞の活用とグループ

　動詞の活用の種類は**動詞グループ**と呼ばれます。表2で示すように、動詞グループは、学校文法では五つに分かれていましたが、日本語教育では活用形の類似性をもとに三つに区別します。

表2　学校文法と日本語教育の文法における動詞グループの対応

学校文法	日本語教育の文法	例
五段活用	Ⅰグループ（U-verbs）	磨く、飲む、洗う、習う、行く
上一段活用	Ⅱグループ（RU-verbs）	食べる、見る、開ける、着る
下一段活用		
サ行変格活用	Ⅲグループ（irregular-verbs）	する、来る、勉強する、散歩する、ダンスする、持ってくる
カ行変格活用		

　表3で示すように、Ⅰグループ、Ⅱグループの動詞は規則的な活用のし方をします。Ⅲグループの動詞はⅠグループでもⅡグループでもない活用のし方をするので、irregular-verbs（不規則動詞）と呼ばれます。

表3　動詞グループとその活用形

グループ	例	語幹	辞書形	マス形	テ形	タ形
Ⅰ	磨く 飲む 洗う	migak nom ara(w)	-u	-imasu	-ite -nde -tte	-ita -nda -tta
Ⅱ	食べる 見る	tabe mi	-ru	-masu	-te	-ta
Ⅲ	する	s	-uru	-imasu	-ite	-ita
Ⅲ	来る	k	-uru	-imasu	-ite	-ita

グループ	例	語幹	ナイ形	レバ形	意向形	命令形
Ⅰ	磨く 飲む 洗う	migak nom ara(w)	-anai	-eba	-oo	-e
Ⅱ	食べる 見る	tabe mi	-nai	-reba	-yoo	-ro
Ⅲ	する	s	-inai	-ureba	-iyoo	-iro
Ⅲ	来る	k	-onai	-ureba	-oyoo	-oi

表3のように、Ⅱグループは、辞書形の「る」を取った形が語幹で、その語幹にそれぞれの活用語尾を付ければいいことが分かります。ですから、RU-verbs（る動詞）とも呼ばれます。Ⅰグループの動詞は、活用にあいうえおの段をすべて使います。たとえば、「磨く」であれば、活用語尾には、か行の文字すべて（か、き、く、け、こ）が使われます。Ⅰグループの活用は一見、複雑に見えますが、語尾 -u の前の子音までを語幹として見ることで、「テ形」「タ形」以外では、すべての動詞に共通した活用語尾が浮かび上がります。Ⅰグループの活用はローマ字に直すと、語尾 -u の前の子音までを語幹として、規則的な活用をします。ですから、U-verbs（う動詞）とも呼ばれます。

　たとえば「持つ」という動詞を見て、この動詞のグループを知りたいと思ったとき、日本語母語話者はその動詞を頭の中で活用させてみれば分かります。しかし、初めて日本語の動詞を学ぶ学習者の場合は、これから新しく日本語の動詞の活用を学習する段階であるため、頭の中で動詞を活用させて動詞グループを知ることはできません。

　動詞グループは、表4のように、辞書形の動詞の語尾で判断します。

表4　動詞グループと動詞（辞書形）の語尾

Ⅰグループ	Ⅱグループ、Ⅲグループ以外の動詞 具体的には次のいずれかである。 　①最後の文字が「る」以外のすべての動詞（「う」「つ」「む」「ぶ」「ぬ」「く」「ぐ」「す」で終わる動詞） 　②最後の文字が「る」の場合は「-aru」「-uru」「-oru」で終わる動詞（例：「変わる」（kawaru）、「送る」（okuru）など）
Ⅱグループ	「-eru」「-iru」で終わる動詞 （ただし、「-eru」「-iru」で終わる動詞でも、たとえば「切る」「入る」「知る」「帰る」「蹴る」など、例外としてⅠグループとなる動詞がある）
Ⅲグループ	「する」、「来る」 （ただし、「勉強する」、「散歩する」、「ダンスする」、「持って来る」などの複合動詞も含まれる）

　JSLの子ども、とくに年齢が低い子どもの場合は、活用に関する規則を明示的に指導されなくても、大人の学習者にとっては難しいテ形や辞書形なども、場面と結び付けてまるごと覚えて使用できる時期もあるでしょう。この

時期は逆に、抽象的で複雑な文法の説明をされても、正しく理解することは難しいでしょう。一方、大人の学習者（あるいは抽象的な言語規則の説明ができるような年齢のJSLの子ども）は動詞グループに関する文法知識を教えれば、それに基づいて動詞の活用を行うことができます。

　大人対象の初級日本語教科書で最初に学習する活用形は多くの場合、マス形です。初級学習者であっても、動詞のマス形さえ知れば、どんな動詞も丁寧形を作って、現在、未来、過去の出来事を肯定文、否定文で表現できます。

表5　丁寧形の意味的対応

	非過去	過去
肯定	ます	ました
否定	ません	ませんでした

　動詞の導入をマス形から開始する日本語教科書は多く、初級学習者にとってマス形は最もなじみのある活用形となります。ですから、日本語で指示をする際に、「使わないで」とか、「取って」という指示で通じない時には、「使いません」「取ります」というようにマス形で言い直すことがあります。このように、学習者が日本語指導で習った活用形を学級担任、指導者、支援者が情報共有しておくと、指示を理解してもらえることがあるでしょう。

　表3で示したように、テ形はⅠグループでは音便化が起こるので、規則が複雑なのですが、「〜てください」「〜ています」「〜てもいいですか」など、テ形に接続する文型は多くあります。「ちょっと待って」「前を見て」など、テ形は、子どもの日常生活のやり取りでもよく耳にする活用形と言えるでしょう。

　大人の学習者（あるいは抽象的な言語規則の説明ができるような年齢のJSLの子ども）がゼロから日本語を学ぶ場合、動詞のグループを正しく判断するのも、グループごとの活用を覚えるのもたいへんです。最終的に学習者は、動詞のそれぞれの活用形から辞書形に直して辞書を引く必要がありますが、大人の年齢に近い学習者の場合、動詞を正しく活用できるようになるまでは時間がかかると考えて、指導者はゆっくり定着を待つ姿勢が必要です。

この節では、日本語教育での文法のうち、最も基礎的な知識である、品詞、文の構造、動詞の活用とグループを見ました。初級レベルにおける文法積み上げ式の日本語教科書では、大人対象であっても、子ども対象であっても、教える文法項目はある程度共通します[5]。中級レベル以降の文法では、初級レベルに比べると使用頻度が低い文型を学んでいくため、教える文法の項目とその順番は、教科書によって違います。文法積み上げ式で教える場合は、たくさんの文型が出てきますが、語彙と同じように文型も、使用できる方が良いもの、理解できれば良いものを区別しながら、重みづけをして指導していくことが必要です（本書第4章も参照）。

6. もっと詳しく知りたい人のために

本章の内容について、もっと詳しく知りたい人には、以下の文献がお薦めです。多くは日本語学、または大人を対象とした日本語教育の文献ですが、JSLの子どもの指導にも役立つ知識が得られるでしょう。

太田編（2021）『超基礎・日本語教育のための日本語学』は、日本語教育の観点から日本語学のエッセンスを集めた入門書です。今までに日本語学を学んだことのない人にとっての最初の一冊として適しています。日本語学の知識を豊富なデータとともに示している入門書としては、沖森ほか（2006）『図解日本語』があります。姫野ほか（2015）『日本語教育学入門』は、日本語の音声、語彙、文法について学習者の誤り（error）を手がかりにして分かりやすく解説しています。

音声に関しては、鹿島（2002）『日本語教育をめざす人のための基礎から学ぶ音声学』や松崎・河野（2018）『日本語教育　よくわかる音声』が分かりやすくお薦めです。

文法の全体像を先取りして知っておきたい日本語指導者向けには、日本語文法の基本を簡潔にまとめた手引として、松岡監修（2000）『初級を教える人のための日本語文法ハンドブック』、白川監修（2001）『中上級を教える人のための日本語文法ハンドブック』があります。また、基本的な文法項目が

5　日本語の文法構造や言語としての特徴を指導者として理解しておくことは、学習言語を意識した教科学習支援にも役立ちます（本書第6章3節も参照）。

どんな文脈でどんな語とともに使用するものなのかを具体的なデータで示したハンドブックとして、中俣（2014）『日本語教育のための文法コロケーションハンドブック』があります。グループ・ジャマシイ（1998）『教師と学習者のための日本語文型辞典』は、多くの文型を例文と共に収録しており、中級レベル以降の日本語指導で扱う文型の意味や例文を手早く確認したいときに便利です。

7. 日本語学の知見を「子どもの日本語教育」にどう生かすか

　本章では、日本語を外から見ている存在である学習者にとっては、日本語のどのようなところが難しいのかということについて、表記、音声、語彙、文法の分野に分けて解説しました。

　日本語学の知見をベースにして、日本語学習者の学習の困難点を解決することを目指して発展してきた日本語教育の指導方法や教材には、「子どもの日本語教育」においても重要なヒントが多いでしょう。ただ、本書第2章で述べられているように、「子どもの日本語教育」の対象者は未就学児から高校生までで、認知発達の段階が大きく異なります。また、子どもの日本語の使用状況も、まったくゼロに近い状態で学校教育の門を叩く子どもから、家庭での使用言語の一つが日本語であるという子どもまで、多岐にわたります。

　さまざまな言語背景を持つ子どもを類型化して、そのそれぞれに対して、大人の学習者向けの日本語教育の指導方法を応用して指導することができるのか、指導できるのならば、それはどの部分であるのかを明らかにするには、これから十分な議論が必要です。とくに文法用語を用いた解説や文型の抽象的な説明については、子どもの認知発達に合わせて導入の時期を見極める必要があるでしょう（本書第4章、第7章も参照）。まずは、その子から見ると日本語がどのように見えているのかを常に想像しながら、指導者は子どもの日本語習得を支えていきたいものです。

引用文献

伊奈垣圭映（2015）『ちがいがわかる対照表　日本の漢字　中国の漢字』宝友書房

大関浩美（2010）『日本語を教えるための第二言語習得論入門』くろしお出版

太田陽子（編）（2021）『超基礎・日本語教育のための日本語学』くろしお出版

沖森卓也・木村義之・陳力衛・山本真吾（2006）『図解日本語』三省堂

鹿島央（2002）『日本語教育をめざす人のための基礎から学ぶ音声学』スリーエーネットワーク

グループ・ジャマシイ（編著）（1998）『教師と学習者のための日本語文型辞典』くろしお出版

小森和子（2015）「語彙」姫野伴子・小森和子・柳澤絵美『日本語教育学入門』第 2 部、研究社、71-133.

白川博之（監修）（2001）『中上級を教える人のための日本語文法ハンドブック』スリーエーネットワーク

玉村文郎（1984）『語彙の研究と教育（上）』国立国語研究所

玉村文郎（2005）「語の数」『14　日本語の語彙・意味（NAFL 日本語教師養成プログラム）』第 3 章、アルク、34-53

田守育啓（2002）『オノマトペ　擬音・擬態語をたのしむ』岩波書店

張麟声（2004）『日中ことばの漢ちがい』くろしお出版

つたえるはつおん制作チーム（2020）「つたえるはつおん」<https://www.japanese-pronunciation.com>（2021 年 8 月 20 日）

寺村秀夫（1982）『日本語のシンタクスと意味 I』くろしお出版

中石ゆうこ・佐治伸郎・今井むつみ・酒井弘（2011）「中国語を母語とする学習者は日本語のオノマトペをどの程度使用できるのか—アニメーションを用いた産出実験を中心として—」『中国語話者のための日本語教育研究』第 2 号、42-58.

中俣尚己（2014）『日本語教育のための文法コロケーションハンドブック』くろしお出版

姫野伴子・小森和子・柳澤絵美（2015）『日本語教育学入門』研究社

彭飛（2007）「ノンネイティブから見た日本語のオノマトペの特徴」『日本語学』6 月号（26 巻 7 号）、48-56.

松岡弘（監修）（2000）『初級を教える人のための日本語文法ハンドブック』スリーエーネットワーク

松崎寛（2006）「音韻・音声」多和田眞一郎（編）『講座・日本語教育学　第 6 巻　言語の体系と構造』第 1 章第 1 節、スリーエーネットワーク、2-16.

松崎寛・河野俊之（2008）「子音・母音(1)」『7　日本語の音声 I ［改訂版］（NAFL 日本語教師養成プログラム）』第 5 章、アルク、46-67.

松崎寛・河野俊之（2018）『日本語教育　よくわかる音声』アルク

山崎誠（2017）「語彙—日本語にはどんな言葉が多いの？—」計量国語学会（編）『データで学ぶ日本語学入門』第 3 章、朝倉書店、22-32.

散在地域での「子どもの日本語教育」

青木由香

　外国人を多く雇用する企業がある等の理由から集中して外国人が住んでいるところを「外国人集住地域」と呼ぶのに対し、広範囲にぽつんぽつんと外国人住民がいるところを「外国人散在地域」と呼びます。日本における学校や地域での多文化共生の取り組みや日本語教育は、外国人住民の存在が認識されやすい集住地域がこれまでリードして進めてきたと言って良いでしょう。一方で、小学校・中学校・高校の約8割は日本語指導が必要な外国籍児童生徒が一人も在籍しておらず、在籍している学校であってもその74%が在籍数5人未満となっており（文部科学省、2019）、日本のほとんどの地域が外国人散在地域であると言えます。このような散在地域では、実際に外国人と接する経験がない人や、あっても「観光客かな」という程度の認識しかない人が多いのが現状です。学校に通う「日本語指導が必要な児童生徒」も学校や学年に一人いるかいないかといった状況ですので、何をどう支援したらいいのか、現場の教師もほとんど経験がなく、同僚や上司に聞いても分からず、途方にくれて一人で抱え込んでしまう、または、子どもがほとんど支援を受けられず放置されてしまうということが起きがちです。そもそもいまだに「日本語ができるようになってから来てください」という対応をしている学校や教育委員会も、残念ながらあるようです。試行錯誤しながら受け入れたり指導・支援したりした経験もなかなか共有・蓄積されません。子どもやその家族、そして教師・支援者も孤立しがちです。

　かく言う私も、外国人散在地域の外国人相談員として複数の小中学校を巡回していますが、日本語指導が必要な児童生徒が1〜2人しかその学校にいないと、週に1回、時には2週間に1回の数時間しか配置されず、焦燥感に襲われることが少なくありませんでした。現在は市民団体としても支援活動を行っていますが、それも、与えられた時間や役割の範囲を越えて、本当

に子どもたちに必要なサポートがしたいという思いからです。

　ここまで、ネガティブなことばかり書いてしまいましたが、散在地域の良いところもあります。外国ルーツの子どもやその家族を取り巻く環境、たとえば、担任教師や同級生、近所の住民等が、「違い」を温かく受け入れ、「同じ」仲間として寄り添ってくれるなら、人数が少ない分、一人一人に時間をかけた丁寧な個別対応ができるでしょう。実際に、「ブラジル人は学校に自分一人だったけど、みんなとても親切に接してくれて、楽しかったし、日本語もすぐ覚えられた」と思い出を語ってくれた青年もいます。

　一番大切なことは、受け入れる側の多様性への寛容さや共感力といった心情・態度なのだろうと思います。ただし、すべての子どもたちの教育を保障することを考えるとき、個々人の心情・態度（「善意」と言い換えて良いかもしれません）だけにそれを委ねることはできません。まずは、散在している人や情報を結び、少しずつでも良いので、ボトムアップで草の根のつながりを広げていき、ネットワークを作ることが有効だと思います。一昔前に比べれば、インターネット（SNS 等）を利用したネットワーク作りなど、可能性は広がっています。一方で、学校教育も地域支援も、散在している人や情報を一元的にまとめ、管理し、適材適所に配置するといったトップダウンの動きも重要だと思います。散在地域の場合は、このトップダウンの影響する地理的範囲をできるだけ広くすることが必要になってきます。都道府県または近隣のいくつかの都道府県をまたいだブロック等、従来の行政区画の考え方に捉われず、柔軟に連携体制を作っていくことが求められます。

　今、文部科学省が提唱する GIGA スクール構想の進展がコロナ禍で加速し、1 人 1 台端末が実現しています。情報通信技術（Information and Communication Technology [ICT]）を活用すれば、日本全体で、また、世界ともつながって、子どもたちをサポートできるようになるでしょう（本書第 4 章 5 節、第 6 章 6 節も参照）。そうすれば、散在地域における子ども・支援者の孤立の問題や、経験や情報の非共有・無蓄積の問題は解決されるかもしれません。大いに期待したいところです。しかし、一方で、日々の生活の中で接する周囲の人々との人間関係が不要になるわけではありません。むしろ、クラスや学校、地域が、外国にルーツを持つ子どもやその家族を同じコミュニティの仲間として捉え、共にそのコミュニティを形成していくこと

が、子どもの成長を促すだけでなく、コミュニティを豊かにし、個々人、そしてコミュニティの未来を切り開くことにつながると思います。

引用文献

文部科学省（2019）「「日本語指導が必要な児童生徒の受入状況等に関する調査（平成30年度）」の結果について」<https://www.mext.go.jp/content/20200110_mxt-kyousei01-1421569_00001_02.pdf>（2022年1月26日）

青木由香（あおき・ゆか）
富山県西部教育事務所外国人相談員、NPO法人アレッセ高岡理事長。大阪大学大学院・横浜国立大学大学院修了、修士（文学、教育学）。『日本で生まれ育つ外国人の子どもの日本語力の盲点―簡単な和語動詞での隠れたつまずき―』（共著、ひつじ書房、2018）など

第 9 章

母語・継承語も育てる

高橋朋子

　日本に住み、日本の学校に通う子どもたちであれば、日本語ができれば十分ではないでしょうか。複数の言語を同時に身につけようとすると、子どもが混乱するのではないでしょうか。母語・継承語教育がなぜ大切なのか、また、どのような実践例があるのかを教えてください。

　子どもは、家庭や学校という社会の中で心とことばを育みながら成長します。日本の学校生活や進路選択には日本語だけで十分かもしれません。しかし、家庭では親や兄弟、親戚とコミュニケーションを取るために母語・継承語が必要です。それ以外にも言語や文化の継承、学力の向上など、母語や継承語を学ぶ多くの意義が確認されています。混乱するのではなく、むしろ子どもたちが安心して生きていくための土台を作っているのです。日本の学校でも母語・継承語教育が実践されています。詳しい事例を見ていきましょう。

1. はじめに

「什么事情就是我要是能做到的事情、
　　　　但是总的来说就是跟听他们沟通不了」
（親としてできることはすべてしてあげたい。でも子どもたちとことば
が通じないので悩んでいる）　　　　　　　　　　中国帰国者女性40代

　18年前に来日したこの女性は、中国語しか話せず、日本で生まれた10歳
の二人の子どもは日本語しか話せません。子どもは、腹痛のため、学校を休
みたいのですが、そのことを母親に伝える手段がありません。子どもが泣い
ている理由がわからず、母親は上のような心情を吐露しました。親子間でこ
とばが通じない？　なぜ、そんなことが起こるのでしょうか。本章では、子
どもが母語・継承語を学ぶ必要性について考えましょう。

1.1　母語とは何か

　「あなたの**母語**は何ですか」と聞かれたら、なんと答えますか（本書第2
章2.2節も参照）。「日本語」という人もいれば「英語」や「中国語」と答え
る人もいるでしょう。中には、「日本語も韓国語も話せるけど、どっちが私
の母語だろう」と悩む人もいるかもしれません。果たして「母語」とは何な
のか、スクトナブ＝カンガス（Tove Skutnabb-Kangas）の母語の定義を見
てみましょう。

表1　母語の定義

基準	定義
出自	人が最初に学んだ言語
運用能力	人が最もよく知っている言語
機能	人が最もよく使用する言語
アイデンティティ	
a.　内的なもの	人が自分のものだと認識する言語
b.　外的なもの	他者によってその言語のネィティブスピーカーだと認識される言語

（Skutnabb-Kangas & Phillipson, 1989, p.453 を参考に作成）

　表1を見ると、母語には複数の基準があり、一つに決められないものだということが分かります。日本で生まれ、日本人の両親を持ち、日本語で日常生活を送ってきた人は、どの基準でも母語は日本語でしょう。しかし、国を超えた人の移動や交流が活発になっている現代では、多くの人が複数の母語をもっています。たとえば、日本人の父とタイ人の母をもち、日本で暮らしているＡさんは、習得順序から考えると日本語とタイ語が母語です。小中学校の教育は日本で受けたので、到達度で考えると、日本語が母語でしょう。もし、父と母の共通言語が英語であれば、幼少期から家庭で英語にも触れていてよく使用する言語になっているかもしれません。自分のものだと認識する言語には、日本語、タイ語、英語のどれもが当てはまるでしょうし、周りの人から見ると、Ａさんは日本語とタイ語の母語話者だと認識されるでしょう。いずれの言語もＡさんを形成している大切な言語であり、Ａさんは複数の母語をもっていると言えます。

1.2　継承語とは何か

　では、「あなたの**継承語**は何ですか」と聞かれたら、なんと答えますか。「継承語って何？」と答える人が多いのではないでしょうか。それは日本には、継承語をもたない人が多いからです。

　継承語の定義は、研究者によって少しずつ異なっています。カナダの継承語教育に詳しい中島（2017）は、異言語環境で言語形成期の一部を過ごす子どものことばについて、親から継承する言語を「継承語」、子どもの育つ環境で毎日使う言語を「現地語」と捉えています。カナダでは公立小学校の正課内で、母語を学習言語として使用し、教科を教える「現地語／継承語イマージョンプログラム」が実施されています（鈴木、2009）。近藤（2019）は、ハワイの大学で日本語の継承語学習者とかかわっている経験から、移民や移住によって子どもの優勢言語が第一言語から移民・移住先の国の主要言語に移行しても、その第一言語は、親と子をつなぐ言語であるとし、それを継承語と位置づけています。実際に、アメリカの日系３世、４世は親のほとんどが日本語母語話者ではありませんが、日本語を継承語と捉え、大学で授業を受けたり、日本に交換留学に来たりします。さらに対象者の範囲を広げ

ると、「移民が父祖から受け継ぐ言葉」（落合・松田、2014）とする定義があります。いずれも継承語がもつ特徴を表し、重要性を示している点は共通しています。

　では、日本における例を考えてみましょう。2歳の子どもをもつフィリピン人夫婦が来日しました。夫婦は、家の中で共通言語であるタガログ語を話し、その言語で子育てをします。表1（p.172）の習得順序で考えると、子どもの母語はタガログ語です。その後、子どもは保育園を経て公立の小学校に入学し、先生や友人とのコミュニケーション、学習や日々の活動を日本語で行うようになります。その結果、それまで使用していたタガログ語使用の量や質が下がり、日本語が強い言語になっていきます（本書第7章2.2節も参照）。家庭でタガログ語を話し続ける親子もあれば、親がタガログ語を話し続けても子どもが日本語で返答するという親子もあるでしょう。前者の場合、子どもは家庭内でタガログ語を話したり聞いたりできますが、読む、書く、学習内容を説明するといったアカデミックな活動はできなくなる可能性があります。また、後者の場合、子どもは徐々にタガログ語を話せなくなっていくでしょう。つまり、子どもにとって母語であったタガログ語は、継承語という位置づけに変わっていきます。母語と呼ぶには運用能力がそれほどなく、かといって外国語と呼ぶほど遠い言語ではない、継承語という名称がふさわしいというわけです（中島、2003）。

　母語能力の維持を考えるにあたり、来日した時期を考慮することが重要です。その関係を示したのが表2です。この表から、来日年齢が母語や日本語の能力維持に影響を与えるということが分かります。たとえば、10歳から16歳に来日して日本の学校に転入した子どもは、努力すれば母語を維持伸張できますが、それ以前に来日あるいは日本で生まれた子どもの場合、母語を維持するのは難しく、相当の努力が必要です。もちろん個人差もありますが、Cummins（2001）は、子どもたちの母語は失われやすく、学校外に言語コミュニティがない場合、就学後2〜3年でコミュニケーション力を失うのが普通であると述べています。

表2　来日時期と言語発達の関係

来日の年齢	言語の発達段階
0〜3歳	自国での母語が発達途上。 日本で母語を維持伸張するには多大な努力が必要。
4〜10歳	日本語の生活言語の習得は早いが学習言語の発達に時間がかかる。 母語の基盤が弱いので、何もしなければ喪失する。
10〜16歳	日本語の生活言語の習得にやや時間がかかるが、母語の助けを借りて抽象概念を理解することができ、それによって日本語による学習の理解も早まる。また母語での読み書きの基礎力があれば、それを維持し、伸張させることは難しくない。
17歳以降	日本語の習得に時間がかかるが、母語を維持し、伸張させることは難しくない。

（関西母語支援研究会 Web サイト[1]を参考に筆者作成）

　子どもたちの言語能力はさまざまです。まったく話せないという運用能力のないレベルから、親と流暢に会話はできるが、書けないし読めないなど**四技能**に偏りがあるレベル、あるいは友人や親戚と交流が続いていて年齢相当の言語力があるレベルまであり、ひとくくりにできません。これは、各家庭の言語環境や教育方針、教育機関が異なるためです。

　母語と継承語の違いをまとめると、その言語にルーツをもっている点は同じですが、継承語の場合は言語形成期に異言語環境に移動していること（または異言語環境の国で生まれていること）、移動先の国でその言語を使用して学校教育を受けていないこと、主に家庭で使用され、その能力の維持や伸張が難しい状態にあることがあげられます。逆に、言語形成期を過ぎた成人期の移動には、留学や就職があります。母国で高校や大学を卒業した後、日本の大学に入学する留学生、企業に入社する就労者は、自分の母語を失うことはなく、むしろ母語を利用して日本語の学習や社会参入を進めています。

1.3　日本の母語・継承語教育の現状

　これまで、日本において移動する子どもたちの言語教育では、「母語」と「継承語」という二つの用語の違いが明確に定義されないまま、議論や実践が行われてきました。表1（p.172）にある母語の定義の中の「習得順序」

1　<http://education-motherlanguage.weebly.com>（2021年6月20日アクセス）

を基準とし、親の言語が子どもたちの母語であると捉えられてきたからです。外国ルーツの児童生徒が在籍する学校で母語教室が開かれていることがありますが、その際の母語とは、親の言語を指していることが多いようです。つまり、「親の言語＝ルーツをもっている＝子どもたちの母語」と認識されていたと言えます。そのために、いくつかの問題が生じています。

　一つ目は、母語・継承語教育の混在です。学齢途中で来日した母語能力をもつ子どもと、日本生まれ、あるいは幼少期の来日など、母語と呼ぶほどの運用能力をもたない継承語話者の子どもが、「**外国ルーツの子ども**」としてひとくくりにされています。子どもたちのもつ言語環境の多様性と言語能力の差があまり考慮されていないと言えるでしょう。学齢途中で来日した子どもは、母国で学校に通い、母語を使用して教育を受けたため、教科書を読んだり、詩や歌を暗記したりすることは容易です。つまり、母国の教育スタイルを継続することが可能だと言えます。一方、日本生まれの子どもや学齢期前に来日した子どもたちは、あいさつや簡単な自己紹介すらできないこともあります。ある小学校の中国語母語教室を見ると、そこに参加する子どもたちのほとんどが自分の名前を中国語で発音できず、教室ではピンイン（中国語の発音記号）を一つずつ学習し、自分の名前を中国語で読む練習をしていました（高橋、2019a）。

　同じルーツをもっているからと一つのクラスで母語教育を受けることは子どもたちにとっては望ましくない環境です。母語と継承語は言語発達や言語能力が異なっているだけではなく、学びたい動機や目標、スタイルも異なっているからです。母語話者の子どもたちは、漢詩を読んだり、エッセイを書いたりするなど、年齢相当の知的好奇心を満たす学習を望むでしょう。一方、継承語話者の子どもたちは、言語や文化に触れるというものから、友達や親と話したいというものまで、その目的は多様ですが、文法中心の授業や小説を読んで感想を述べるなどの活動は難しく、下手をすると学習の動機を失うばかりではなく、その言語が嫌いになる可能性もあります。

　二つ目は、日本では母語・継承語教育の重要性がまだまだ認識されておらず、どちらかと言えばおざなりにされていることです。中島（2011）は、

CLD 児[2] 対策の日本の問題点の一つに「子どもの母語・母文化への対応が欠如、あったとしても一貫していない」ことを挙げています。日本はまだまだ「母語教育後進国」（庄司、2010）であり、公立の教育機関での実施数は、愛知、神奈川、大阪、神戸など外国ルーツの子どもの在籍数が多い一部の地域を除くと、まだ少ないのが現状です。

　三つ目は、母語・継承語教育の専門性が低いことです。小中学校や高校で教鞭をとるためには、大学で教職課程を受講するなどし、教員免許を取得する必要があります。また、外国人に日本語を教える場合にも、必須ではありませんが、日本語教師養成講座に通ったり、日本語教育能力検定試験を受験したりして専門的な知識を学ぶことが望ましいとされています[3]。しかし、母語・継承語教育にはそれが求められず、その言語の話者なら良いという考え方が一般的です。そのため、母語教育の質が問われることはあまりなく、学校に母語教室が存在するだけで称賛される傾向があります。ましてや継承語という用語はほとんど知られていないでしょう。北米には、Heritage Language Education（継承語教育）という専門があります。学会[4] の活動も盛んで教師のためのワークショップやシンポジウムがあり、多くの継承語を対象に研究が進んでいます。移民の定住化が進み、日本生まれの子どもたちが増加することを踏まえ、日本でも取り組んでいかなければならない課題です。

 2. 母語・継承語教育はなぜ必要なのか

　「子どもたちは、外国にルーツをもつとはいえ、日本の学校に通い、日本社会で生きているのだから、日本語さえできればいい」「日本社会で母語を使用する機会は少ないのだから、学ぶ必要はない」という人がいます。これらの意見を否定するわけではありません。確かに、子どもたちが日本社会で

2　CLD 児（Culturally, Linguistically Diverse Children）は、多種多様な文化的、言語的背景をもつ子どものこと（本書第3章も参照）。

3　ただし、小中学校や高校の教員免許に「日本語」という科目はありません（本書第2章4節参照）。

4　たとえば、アメリカには、継承語教育を専門とする National Heritage Language Resource Center があり、ワークショップや学会、学会誌など多様な活動を実践しています。<https://nhlrc.ucla.edu/nhlrc/home>（2021 年 11 月 2 日アクセス）

生きていくためには、日本語が必要です。

　しかし、子どもたちは母語・継承語を学ぶ必要があるのです。それはなぜなのかを一緒に考えましょう。**母語・継承語教育の意義**には以下の五つがあります（高橋、2013 を修正）。

　　1）言語能力や文化を保持・継承する
　　2）言語や文化の学習を通して、その集団に帰属意識をもつ
　　3）親子のコミュニケーションを維持する
　　4）第二言語の学習へプラスの転換を図る
　　5）国際社会に貢献できる社会的資源や個人的資産を育てる

　これら五つの意義は独立しているのではなく、相互に関連し合ってその効果を高め、健やかな子どもの心の成長と学力伸張につながっていきます。たとえば、Portes & Rumbaut（2001）は、アメリカの移民 2 世代が進学や就職への道を切り拓く過程を長期にわたって調査し、親子関係や言語能力がどんな影響を与えるのかを明らかにしています。その結果から、子どもが継承語を失うことによって、親子間のコミュニケーションが希薄となり、子どもが親の存在を否定するようになること、子どもが自分の存在に価値を見いだせなくなることなどを挙げ、継承語が子どもの人生にいかに重要かを強調しています。

　本章冒頭で挙げた中国帰国者の親子は、子どもが親の母語である中国語を学ぶ機会がなかったために、親子の交流言語を失いました。その結果、子どもの体調すらも共有できない状況に陥っています。この後の人生で、子どもたちは、進路選択や学校生活の悩みをどのように親に打ち明けていくのでしょう。この一つの事例からだけでも、3）の親子のコミュニケーションを維持する、という意義が非常に重要なことが分かります[5]。

　4）の第二言語へのプラスの影響について、**共有基底言語能力モデル**の氷山の図（Cummins, 1984）がその意義を図示しています（本書第 7 章 2.2 節も参照）。

5　親子が交流言語を持たない事例については、高橋（2009; 2019b）を参照してください。

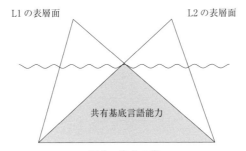

L1 の表層面　　　　　　　　L2 の表層面

共有基底言語能力

図1　氷山の図
（Cummins, 1984, p.143 をもとに作成、第 7 章の図 1 の再掲）

　この図は、共有部分を母語で発達させることの重要性を表しています。表層面にある第一言語（L1）と第二言語（L2）は互いに依存しているため、共有部分がしっかり育っていると、知識や能力が言語間で双方向に転移するという理論です。その例として、Cummins は、L1 で「今何時か」を言える子どもは、時間の概念を理解しているので、L2 で時間の概念を再度学習する必要はなく、学習済みの知的スキルを表すのに必要な新しいラベル、つまり「表層面の言語能力」を学べばいいと説明しています（中島、2011）。

　ただし、転移は自動的に必ず起こるものではなく、人為的に転移を促進させる必要があります。そのため、教科学習を母語・継承語でも行う「バイリンガル・アプローチ」の指導法などは効果的だと考えられます。しかし、日本では、母語による学習支援はあっても、母語・継承語教育で教科学習をするプログラムや実践例が多くなく、今後の実践が期待されるところです。

　自分は、言語という価値のあるものを保持しているという点に気づくという 5) の意義も重要です。Zhou & Bankston（1998）は、アメリカに住むベトナム人の継承語教室を観察し、ベトナム語の読み書き能力が高くなくても、そこに参加することで、子どもたちが進学の意欲を向上させたり、学習に価値を見いだしたりするきっかけになると述べています。カナダでは移民が持ち込む言語を「**言語資源**」と捉え、国を豊かにしてくれる人材と見なしています。日本では、そのような認識をもっている人は少ないでしょう。しかし、高橋（2021）は、中国ルーツの大学生に聞き取りを行い、彼らの大学進学やキャリア形成という教育達成に影響を与えた要因を考察した結果、小学校の母語教室がそのような役割を果たしていたと述べています。「二言語

を話すあなたたちはすばらしい」といった母語教室の教師のことばが糧となり、中国語を学べる機会を探し続けたことが、彼らの大学進学や交換留学につながっていました。母語で教科学習を受けるという理想的なアプローチではなくても、母語・継承語に触れ、教師が積極的なメッセージを伝えることで、その存在をエンパワーする（Cummins, 2001）ことができるのです。このように母語・継承語教育は大きな意義をもっています。

 ## 3. 母語・継承語教育の実践

　では、日本国内の小学校ではどのような母語・継承語教育が行われているのでしょうか。その実践を見てみましょう。ここでは、ポルトガル語、ベトナム語の母語・継承語教育の実践を紹介します。中国語については高橋（2019a）をご覧ください（本章の定義に従うと継承語教育の実践として捉えたほうがよいものもありますが、各学校で使用されている用語をそのまま紹介します）。

3.1　ポルトガル語の実践

　愛知県小牧市にある大城小学校は、全児童数 300 人のうち、約 15％が外国にルーツをもつ児童です。彼らの国籍は、ブラジル、中国、ベトナム、フィリピン、インドネシア、タイなど多岐にわたっています。そのうち、ブラジルにルーツをもつ児童が 30 人と最も多く、ポルトガル語母語教室が 1 ヵ月に 3 回ほど実施されています。児童の多くは、ポルトガル語が話せても、読んだり書いたりすることは苦手です。

　この小学校で長く外国ルーツの子どもたちを担当してきた伊藤敦子先生は、あるペルー人の保護者から、悩みを相談されて、母語教室を始めたといいます。それは、「私の子どもが自分の国のことばを忘れてしまう。このままだと話ができなくなるかもしれない。学校でスペイン語の勉強をさせてほしい」という、日本での生活が長くなるにつれて、親子間の会話が減っていくことを心配した切実なものでした。プログラムは、親を巻き込んで一緒に子どもの言語を育てる活動が中心です。では、親と一緒に育てる言語活動と

はどのようなものなのでしょうか。

実践事例1　「話したいな聞きたいな」[6]

写真1　丁寧な母語指導の様子　　写真2　ポルトガル語による児童の作品

（大城小学校　山口晶子先生撮影）

　「みんなが赤ちゃんの時、どんなだったか知っている？」と問いかけ、親に質問したいことを話させて、それを文字化します。子どもたちはポルトガル語が書けないので、負担を軽減するために、アルファベットを一字ずつマグネットにしたものを使って、文章を作ります。間違ってもマグネットを並び替えるだけなので恥ずかしさを感じることなく、どんどん文章を作りあげていくそうです。子どもたちは、「生まれるまでどんな気持ちだった？」「わたしが生まれたとき、パパやママはどう思った？」という質問を考えました。そうしてできあがった文章をカードに書いて（書けない子どもは写真にして貼ってもいい）親に渡します。親からは、「赤ちゃんができたとき、すごく嬉しかった」や「わたしのところに来てくれてありがとう！」という返事が届きました。次の授業では、親にもらった返事をみんなの前で読んだり、ノートに書いたりして確認します。「どんなこと書いてあった？」とうれしそうにコメントを読み合う姿が見られました。

　伊藤先生は、「『私はお母さんに愛されていない』と言っていた子どもも愛されていることが分かって笑顔になったり、やる気が出てほかの授業にも積極的になったりします。なにより、自分の言語と国を大事にするようになる

6　国際教室担当の伊藤敦子先生（2021年3月まで大城小学校勤務）へのインタビューは、2021年8月に実施しました。

ことで自己肯定感が高まるんです」と話していました。

　保護者には、事前にこの活動の趣旨と方法を手紙で渡して、できるだけ簡単な正しいポルトガル語で話したり、書いたりしてもらうこと、写真があれば持たせてほしいことなどを伝えておきます。伊藤先生は、子どものことばと心を、親と学校が一緒になって見守り育てていくことの重要性を強調していました。このような授業を通して子どもが変化し、成長することはもちろんですが、親が「日本にいるんだから日本語で話さなければいけないと思ってたけど、自分のことばで話してもいいんだ、家ではしっかり豊かな会話をすることが大事だ」と理解できるようになることが最大の収穫であるということです。落合・松田（2014）は、カナダの継承語教育の実践から、（週に1度の）継承語クラスだけで奇跡のように継承語が習得されるわけではなく、家庭と学校がリンクしあうことが重要であると述べています。子どものことばを育てるためには、学校だけがその役割を負うのではなく、親をはじめとして多くの人が協力する必要があります。この教室は親子を支える場として機能しています。

3.2　ベトナム語の実践

　神奈川県横浜市にある飯田北いちょう小学校は、全校児童の半数が外国につながる児童（外国籍または外国にルーツをもつ児童）であり、その多くが日本生まれとなっています。彼らの国籍は、ベトナム、中国、カンボジアなどさまざまです。「中国の子どもたちは集まって中国語を話しているけど、ベトナムの子が話しているのを聞いたことがないなあ」と国際教室担当の菊池先生[7]が言う通り、ベトナムの子どもたちのほとんどはベトナム語を話すことができません。そのような子どもたちへのベトナム語母語教室の活動を紹介します。コロナ禍の前は、言語をツールとして利用するさまざまな活動が積極的に行われていました（高橋、2020）。

　菊池先生によると「ベトナム語母語教室は、ベトナム語を教えるのではな

7　コロナ禍前の活動は、2016年12月に、国際教室担当の菊池先生へ行ったインタビューをもとに紹介しています。コロナ禍以降の活動は、2021年7月に国際教室担当の栄田先生（菊池先生は他校へ異動）に電話によるインタビューを行いました。

く、何かをするための手段として言語を学ぶというカリキュラムにしている」とのことです。例として「ケーキを作って食べよう」を紹介しましょう。

実践事例2　「ケーキを作って食べよう」

1週目　ケーキ作りに使用する原材料の名前をベトナム語で学ぶ
2週目　ケーキ作りの過程をベトナム語で学ぶ
3週目　みんなでケーキを作る、感想をベトナム語で話す

　それぞれの活動に連続性があり、楽しめるものになっています。「子どもたちは活動をとても楽しみにしていて、生き生きと活動しており、保護者にも好評です」とのことでした。2020年のコロナウイルス感染拡大による緊急事態宣言の発出を受けて、調理を含む活動の継続が難しくなったため、現在は活動内容を少し変えています。活動は1週間に1回で、その活動は次のようになっています。

1）ベトナムについて（歴史や地理、日本とベトナムの生活の違いを）知る
2）ベトナム語を学習する
3）踊りや歌、遊びを通じてベトナムの文化に触れる

写真3　ベトナム語の文字を学習中　　写真4　教室に飾られた児童の作品
（飯田北いちょう小学校　栄田奈保先生撮影）

　学習の後の3）の遊びが大好評で、毎回それを楽しみに参加している子どももいるそうです。栄田先生は、国際教室を担当する前は通常の学級担任を

していましたが、「（通常の）教室ではいつも子どもの困った顔ばかりを見ていました」と振り返ります。その背景には、日本語の能力不足だけでなく、親子間に共通言語がないために起こるコミュニケーション不足がありました。自分の言いたいことが親に伝わらないという子どもと、親の思いが子どもに伝わらないと嘆く親を見て、お互いの思いを理解し合うためのことばが必要だと考え、教室を開いたとのことでした。

3.3　母語教室の実践を支える要因

　この2校の母語教室の活動に共通しているのは、日本の母語教育の課題である「とりあえずその言語の話者が教師」、「とりあえず作ったカリキュラム」という「とりあえず」の母語教室ではないということです。いずれも言語を学びのツールと捉え、実践活動を通して言語を習得するという考え方に基づいています。これらの活動は、**内容重視**のアプローチ（Lyster, 2018）と言われています[8]。第二言語教育では言語だけを切り離して教えるよりも、言語と内容を統合して同時に教えたほうが効果的であるという研究結果（ダグラス、2006）も出ており、北米の継承語教育で広く実践されている方法です。

　また、コミュニケーションがうまくいかない親子の姿が母語教室を開くきっかけになっていることも共通しています。子どもは、家庭が安定して初めて学校でがんばることができるということを経験として認識している教師ならではの提案でしょう。

　このようなカリキュラム作成や授業運営には、専門性が求められますが、大城小学校では、担当教師が積極的に校外の研修会に参加する、母語指導員にも研修の機会を確保する、打ち合わせを重ねて指導内容を検討するといった要因がそれを可能にしています。一方、飯田北いちょう小学校では、多くのボランティアや指導員が学校に配置されていること、国際教室の活動内容をオープンにすることでフィードバックを得ること、大学などの教育機関と連携していることなどがそれを可能にしています。

8　内容重視のアプローチは、日本語教育においても注目されています（本書第4章2.2節、第5章1.1節参照）。

いずれも放課後の課外の活動でありながら、教師や指導員の工夫や努力で子どもたちが楽しめる実践が展開されています。

 ## 4. これからの母語・継承語教育

母語・継承語教育の重要性が認識されても、その実施や運営には多くの問題が残っています。最後に、母語・継承語教育の機会をすべての子どもに提供するために克服すべき課題を考えていきましょう。

まず、公教育で日本語教育と母語・継承語教育のどちらも欠けることなく、当然の教育として行えるようにすることです。公立の学校以外にも、地域や民族学校など学べる場所はありますが（高橋、2019b）、民族学校やインターナショナルスクールは学費も高く、また全国にあるとは限りません。学べる子どもは限られています。誰もが通える公立の学校で母語・継承語教育が受けられるようにすることが必須です。家庭や地域ではなく、学校で母語・継承語教育を受けることに、大きな意味があります。友達や先生の前で自分の言語や文化の価値が認められることは、自信や自尊心につながるでしょう。また日本人の子どもたちも多様な言語や文化の存在に気づくことができ、双方にとって意味のある活動となります。

次に、母語教室で扱う言語が限られているという点です。在籍者数の多いポルトガル語やベトナム語、中国語の教室は開催されても、それ以外の少数言語の実施はなかなか難しいのが現状です。子どもたちがルーツをもつすべての言語を網羅できないという問題があります。

また、母語教育の質を高めるために不可欠な専門性をもつ教師や教材の不足、評価法[9]がないことも指摘されています。3節で紹介した学校は、学習支援の母語話者指導員と連携して、カリキュラムを作成し、学習支援の一つとして母語教室を位置づけていました。母語・継承語教育の教師を育てる、研修をする、実践を発表し合う、目の前の子どもたちの状況に適した教材を作成する、など多くの課題があります。

保護者の視点から考えると、母語・継承語の重要性を分かっていても具体

9　本書第3章で紹介している DLA は、日本語の評価のために開発されていますが、日本語以外の言語（母語・継承語）での評価にも応用可能です（本書第3章3.3節参照）。

的な方法や情報がないことがほとんどです。学校から「子どもが勉強できないのは、家庭で日本語を話さないからだ」と言われ、片言の日本語で子どもとコミュニケーションを取る親もいました（高橋、2009）。親は言語の教師ではありません。丁寧に寄り添い、学校や関係者とともに子どもの母語・継承語を育てていこうという姿勢を見せたいものです。

　これらの多くの課題は学校だけで解決すべきものではありません。教育委員会、家庭、大学の研究者、地域など多くの人との協働体制で母語・継承語教育を考えていくことが必要です。

5. もっと詳しく知りたい人のために

　母語・継承語教育を扱った本には、以下のものがあります。近藤ほか編（2019）『親と子をつなぐ継承語教育―日本・外国にルーツを持つ子ども―』は、子どもの言語習得理論から教材、評価法、国内外の実践例まで幅広く取り上げており、継承語教育について広く学ぶことができます。高橋（2013）「移民の母語教育」では、母語教育が担う個人的および社会的な意義について論じています。真嶋編（2019）『母語をなくさない日本語教育は可能か―定住二世児の二言語能力―』では、外国ルーツの子どもたちの二言語の力を縦断的に調査し、言語教育のあり方を提示しています。カナダの継承語教育について学びたい人には、カミンズ（Jim Cummins）の論文を収集した『カナダの継承語教育―多文化・多言語主義をめざして―』（中島・高垣訳、2005）、『言語マイノリティを支える教育』（中島訳、2011）があります。

　母語・継承語・バイリンガル教育（MHB）学会は、母語・継承語教育について、理論から実践報告、情報共有、研究会まで網羅した幅広い活動を行っています。

6. 母語・継承語も育てる

　最後に、私たちに問われているのは、複数の言語を話す子どもたちをどのようにまなざしていくか、という点です。母語や日本語を完全に習得していない子どもたちではなく、複数の言語を学んでいる子どもたちという視点が

求められています（本書第3章1節も参照）。そこで、この章のタイトルが示すように、日本語教育だけではなく「母語・継承語も育てる」ことが重要です。日本語だけではない世界に触れ、多様なものの見方を受け入れ、そして自分が持っている言語資源に気づくことができるからです。4節で述べた日本における母語・継承語教育の課題では、英語や国語などの教科を学ぶようなカリキュラムやテキスト、教授法、教師や教材がないことが分かりました。にもかかわらず、社会は子どもたちに完全な成果を求めがちです。親は自分の母語なので、いっそう子どもの話す言語への評価が厳しくなると言われています。親や教師、そして学習者である子ども自身も、教科教育や外国語教育と同じような視点や成果を求めるのではなく、まずは「楽しむ」「触れる」「その言語を使って好きなことをする」などの柔軟な目標をもてば良いと思います。その楽しさが好奇心を育て、次のチャレンジへとつながっていくことが理想です。実践例の中に出てきた小学生はみな楽しんでいました。流暢に話せなくても、ことばを学ぶことで自信がつき、学校生活が楽しくなり、いろいろなことに果敢にチャレンジする土台ができるとは、母語・継承語教育の力はなんと素晴らしいのでしょう。

　ある小学校で、中国ルーツの子どもに「中国語を教えてほしい」と言われて驚いたことがあります。彼の中国語能力はほぼゼロレベルでした。理由を聞くと、オンラインゲームで中国の子どもと対戦していて、そこに出てくる中国語の文章を理解したいと思ったのだそうです。彼が学びたいのは、ピンインでも漢詩でもなく、ゲームに出てくる対戦相手の会話でした。必死に中国語を学習している子どもを見て、母語・継承語学習は、好きなもの、その言語を使ってやりたいものを見つけるのが最も強い**動機づけ**になるのだと教えられました。

　子どもたちは、複数の言語環境のなかで自分に向き合い、自己を確立していく（川上、2019）存在です。私たちは、言語教育の環境を整えながら、彼らの持っているものを伸ばし、見守っていくことしかできません。子どもたちが日本語を学び、上達していくのと引き換えに母語・継承語を失っていないか、その結果、本章の冒頭に述べたような親子が生まれていないかということを、私たちは常に忘れないようにしなければなりません。

引用文献

落合知子・松田陽子（2014）「カナダの継承語資源育成のための教育実践に関する研究」『人文論集』49、101-126.

カミンズ、ジム（2011）『言語マイノリティを支える教育』（中島和子著訳）慶應義塾大学出版会

カミンズ、ジム・ダネシ、マルセル（2005、新装版2020）『カナダの継承語教育—多文化・多言語主義をめざして—』（中島和子・高垣俊之訳）明石書店

川上郁雄（2019）「国境を越えた子どもの異言語・異文化の壁」近藤ブラウン妃美・坂本光代・西川朋美（編）『親と子をつなぐ継承語教育—日本・外国にルーツを持つ子ども—』15章、くろしお出版、224-237.

近藤ブラウン妃美（2019）「親と子をつなぐ継承語教育」近藤ブラウン妃美・坂本光代・西川朋美（編）『親と子をつなぐ継承語教育—日本・外国にルーツを持つ子ども—』序章、くろしお出版、1-12.

近藤ブラウン妃美・坂本光代・西川朋美（編）（2019）『親と子をつなぐ継承語教育—日本・外国にルーツを持つ子ども—』くろしお出版

庄司博史（2010）「「資産としての母語」教育の展開の可能性—その理念とのかかわりにおいて—」『ことばと社会—多言語社会研究—特集　移民と言語（2）』12号、7-47.

鈴木崇夫（2009）「カナダの公立小学校における英語・継承中国語イマージョンプログラムの評価—バイリンガル作文力に焦点をあてて—」『母語・継承語・バイリンガル教育（MHB）研究』第9号、21-49.

高橋朋子（2009）『中国帰国者三世四世の学校エスノグラフィー—母語教育から継承語教育へ—』生活書院

高橋朋子（2013）「移民の母語教育」多言語化現象研究会（編）『多言語社会日本—その現状と課題—』第6章、三元社、89-105.

高橋朋子（2019a）「中国にルーツを持つ子どもの母語・継承語教育」近藤ブラウン妃美・坂本光代・西川朋美（編）『親と子をつなぐ継承語教育—日本・外国にルーツを持つ子ども—』17章、くろしお出版、253-267.

高橋朋子（2019b）「外国人住民が社会に求めるもの—中国にルーツを持つ子どもたちの中国語教育—」『中国語教育』第18号、25-47.

高橋朋子（2020）「外国人住民の定住化に学校教育が与える影響」坪谷美欧子（編）『郊外団地における外国人住民の社会的統合—神奈川県X団地にみる「多文化共生」の現在—』3章、学術研究出版、37-52.

高橋朋子（2021）「移民第二世代の進路選択に影響を与える要因—母語教育を受けた中国ルーツの子どもの事例—」『近畿大学教養・外国語教育センター紀要（外国語編）』第12巻第1号、1-21.

ダグラス昌子（2006）「年少者のための継承日本語教育におけるプロジェクトアプローチを使った合同授業のデザイン」*Japanese as a Heritage Language Journal, 1,* 1-66.

中島和子（2003）「JHLの枠組みと課題—JSL/JHLとどう違うか—」『母語・継承語・バイリンガル教育（MHB）研究』プレ創刊号、1-15.

中島和子（2011）「カミンズ教育理論と日本の年少者言語教育」カミンズ、ジム『言語マイノリティを支える教育』（中島和子著訳）序章、慶應義塾大学出版会、13-59.

中島和子（2017）「継承語ベースのマルチリテラシー教育―米国・カナダ・EU のこれまでの歩みと日本の現状―」『母語・継承語・バイリンガル教育（MHB）研究』第 13 号、1-32.

真嶋潤子（編）（2019）『母語をなくさない日本語教育は可能か―定住二世児の二言語能力―』大阪大学出版会

Cummins, J. (1984). *Bilingualism and special education: Issues in assessment and pedagogy.* Multilingual Matters.

Cummins, J. (2001). Bilingual children's mother tongue: Why is it important for education? *Sprogforum,* 7(19), 15-20.

Lyster, R. (2018). *Content–based language teaching.* Routledge.

Portes, A., & Rumbaut, R. (2001). *Legacies: The story of the immigrant second generation.* University of California Press.

Skutnabb-Kangas, T., & Phillipson, R. (1989). "Mother Tongue": The theoretical and sociopolitical construction of a concept. In U. Amon (Ed.), *Status and function of languages and language varieties* (pp.450-477). Walter de Gruyter.

Zhou, M., & Bankston, C. L., III. (1998). *Growing up American: How Vietnamese children adapt to life in the United States.* Russell Sage Foundation.

外国人児童生徒だった経験から学んだこと

PINILLOS MATSUDA, Derek Kenji

　私は９歳の時にペルーから来日しました。この経験は私にさまざまな試練と機会を与えてきました。両親の働く大阪に移住し、ニューカマーの少ない学区で公立小学校に転入しました。日本語指導の必要な子どもが少ない学校に通うことが多かったので、日本語支援や学習支援のようなサポートはほとんど受けられませんでした。しかし、日本語が分からなくても積極的な両親からのサポートがあり、簡単な日本語や学校の勉強への取り組み方を一から教えてくれました。その後、二度府内で引っ越しをし、学校が変わることもありましたが、小中高と公立学校に通いました。大学は両親や周りの方々のおかげで私は第一志望に入学することができましたが、大学では受験勉強とは比べられないほどの過酷な日々を過ごしました。両親や私には蓄えがなく、大学に通い続けるには貸与型奨学金と自分自身のアルバイト代で工面しなければならず、自宅から片道２時間半の私立大学を選んだ自分自身の選択を後悔したこともありました。大学生活では右も左も分からないまま、周りの友人や大学の教職員にお世話になり、なんとか日々を過ごしていました。大学生になってから外国人児童生徒としての経験を活かす機会は何度もありました。

　外国人児童生徒として学んだことは、大人になった今でもさまざまな場面で役に立っています。その中でも３点について少し説明をしたいと思います。まず、私は小学校、そして中学校のときに、学習支援教室に通ったことが数回あります。その中で私をサポートしようと懸命になってくれた方々がいました。家庭内では父親に目標を立てるようにいつも言われ、私の立てた目標に近づくためのヒントをくれたのが支援者の方々でした。しかし、最終的には自分自身が努力して、周りの友人よりも力を入れて取り組まなければ何も得られないということを小学校の段階で学ぶことができました。二つ目の学

びですが、私は中学校の頃に自分自身が「外国人」であるということをより意識するようになり、「日本人」にはなれないということを学びました。しかし、これは否定的な意味ではなく、日本人のようにならなくても良い、周りの同級生に無理矢理合わせる必要はないということに気づきました。どこかに属することを過剰に気にしていた周りの同級生と同じようなプレッシャーを感じることがなくなり、勉強することが好きだった私は周りの目を気にすることなく、休み時間や放課後に教室で授業の復習や予習をしていました。そして、三つ目の学びにつながるのですが、「この人のようになりたい」というロールモデルとする人もいなかったことから、小さい頃から非常に具体的な目標を立てることが多かった記憶があります。小学生の頃には周りの外国人のサポートをする職業に就きたいと思っていました。高校生の時には自分自身の国であるペルーの教育を改善したいという夢を持っていました。第三の学びとして、誰かを真似したり、「このようになりたい」という考えを持たずに、何になりたいのかではなく、将来何をしたいのか、そして自分自身がしたいことを成し遂げるのに何をするべきなのかについて日頃から考えるようにしていました。大学生になってからもこの三つの学びが私に新たな目標を与えただけでなく、その目標に近づくための経済的なサポートにたどりつくことにも役立ちました。

　現在、私は大学で外国人児童生徒の状況やその支援のあり方について学生に話すこともあります。学生からのコメントには、在日外国人児童生徒への支援で改善すべきところが多々あるというものが多くあります。しかし、残念ながら、外国人児童生徒の教育については日本の視点に立った政策や支援が多く、在日外国人の声があまり反映されていないと私は思っています。私は対話を通じた相互理解が非常に重要であり、一方的な支援や手助けだけでなく、連携をし、そして互助関係を築くことが持続可能なコミュニティの構築に役立つと思っています。最終的には外国人だけでなく、助けを必要とする人々に手を差し伸ばせるような「教育コミュニティ」の構築こそが学校で困難に直面している子どもたちを助ける一つの手段だと思っています。私は現在、この「教育コミュニティ」構築の可能性を探りつつ、外国人だけでなく社会全体が恩恵を受けることのできる双方向性のある新たな教育支援の方法を見出すことを目標に研究を続けていきたいと思っています。

PINILLOS MATSUDA, Derek Kenji（ぴにろす まつだ・でれく けんじ）
国立大学法人群馬大学国際センター講師。上智大学大学院修了、修士（教育学）。「在日ペルー人児童生徒の教育問題と保護者の意識―神奈川県の在日ペルー人保護者への質的調査―」（『上智大学教育学論集』50 号、67-81、2016）、「「ペルー系ニューカマー第二世代保護者」の教育戦略―「第一世代保護者」との比較と外国人児童生徒の教育支援への示唆―」（『国際教育評論』15 号、1-15、2019）、"Non-Japanese students in the public education", *Re-imagining the Tower of Babel*, 102-110.（University of Luxembourg, 2021）など。

おわりに

　本書を作り上げる過程で、私がこれまでに出会ってきた日本語を第二言語とする子どもたち（以下、JSL の子どもたち）や子どもたちを支える先生方の顔が何度も思い出されました。私だけでなく、各章・コラムの著者それぞれの頭や心に思い浮かぶ顔があったのではないかと思います。

　本書は、ある程度実践的な内容も含んでいますが、「子どもの日本語教育」に関わる知識を伝えることを目的としています。また、その知識もとくに「言語」に関わることが中心です。学校や地域の支援教室などの教育現場では、知識だけ持っていても良い教師や支援者にはなれません。ですが、手探りで実践を行うよりは、知識も備えていたほうが絶対に効果的な実践につながります。とはいえ、学校現場で子どもたちを教えている先生たちは、毎日忙しく、じっくり腰を据えて日本語教育の専門的知識を学ぶ時間はなかなか取れないと思います。また、学ぶ時間はたくさんある大学生や大学院生の場合も、子どもの日本語教育に興味を持ち、日本語教育の専門書を手に取ってみても、それらはほとんど大人を対象とした日本語教育を念頭に書かれています。そこで、「子どもの日本語教育」に関する本で、とくに「言語」に関する専門知識が一通り学べる本を作ろうと思いました。

　本書の企画を考え始めた当初、「子どもの日本語教育」に関する入門書を作るのであれば、どのような内容を盛り込むべきかということを考えました。そもそも（大人・子どもに関係なく）日本語教育自体が学際的な分野です。「子どもの日本語教育」であれば、そこに子どもの全般的な発達（心理面、認知面など）が関わり、求められる専門知識の幅がさらに広がるのではないかと思います。私自身は「言語」を専門とする研究者ですが、JSL の子どもたちのことを考える際には、自分が何者であるかというアイデンティティの問題も非常に重要だと思っています。言語とアイデンティティは、強く結びついていることもあれば、そうでないこともあります。「自分はベトナム生まれの日本育ち、一番得意な言語は日本語だけど、自分はベトナム人だと思う」という子どももいれば、中には「自分は○○人という概念には縛られない」という子どももいると思います。そのようなことをいろいろと考

えていると、本の企画はどんどん膨れ上がっていったのですが、最終的には「言語」に関するテーマに絞ろうということに落ち着きました。それは、私自身が「言語」の専門家であること、そして、子どもの日本語教育を考えるにあたって「言語」の問題を避けて通ることはできないと考えたからです。

　本書では「言語」に関する知識を重点的に伝えようとする一方で、私が大学で「子どもの日本語教育学概論」という授業を1学期間教える際には、学生たちが幅広い視野を持てるように工夫をしています。たとえば、「子どもの日本語教育」に関する報道記事を、学生が一人につき数件調べ、クラスで共有しています。学生が集めてくる記事は、言語（日本語や母語・継承語）に関するトピックだけにとどまらず、地域での支援活動の取り組み、成人した元JSLの子どもの活躍、進学問題、法律に関わる問題など、本当に多岐にわたります。数十人の学生がいれば、本当に多くの事例が集まります。また、授業の中で、「ことばが分からない環境に突然置かれたらどのような気持ちになるか」という疑似体験をしています。英語で中学数学の問題を解いてみたり、留学生に母語でミニ授業をしてもらったりしたこともあります。教育に関連する記事を、ロシアの新聞サイトを見てやってくるようにという課題を出したこともあります(翻訳エンジンなどの使用は禁止しています)。英語の場合は「何となく理解はできる（が、数学の文章題の意味が正確には分からない)」、ロシア語の場合は「文字さえ読めない（が、写真を手掛かりに記事を見つけてくる学生もいます)」など、学生の反応はさまざまです。ことばが分からない中で勉強をしなければいけない不安を少しでも経験することで、JSLの子どもたちの気持ちを少しでも共有してほしいと思っています。さらに、テレビで放映されていたドキュメンタリー番組を数本、授業で視聴しています。実際にJSLの子どもに出会ったことがない学生たちであっても、番組に出てくる子どもたちを身近な存在と捉え、その子どもたちのために自分には何ができるのかを具体的に考え始めるようになります。子どもたちの抱える問題は、言語の問題であったり、アイデンティティの問題であったり、はたまた家族についての問題であったり、学生たちはそれぞれにいろいろなことを考えるようです。

　10年以上前、私が大学で「子どもの日本語教育」に関する授業を教え始めたとき、自分の子ども時代に、あるいは現在自分が関わっている学校や塾

などには「JSL の子どもたちはいなかった／いない」と答える学生がほとんどでした。最近では「そういえば、時々クラスを抜けて日本語指導を受けている友達がいた」「今、アルバイト先の塾にいる」という学生も徐々に増えてきたように思います。とはいえ、JSL の子どもたちが抱える言語習得上の困難点までを、授業開始時に十分に理解している学生はほとんどいません。そして、多くの学生が大学の授業で学んだ知識について、

「知ることができて良かった」

「少しでも知っているだけで、子どもたちを見る目が大きく変わる」

「知らないままだったら、子どもたちの本当の姿は見えないと思う」

と学期末のレポートに書いています。「子どもの日本語教育」どころか、一般的な（＝大人の日本語学習者を念頭においた）日本語教育に関する知識さえ持たないまま授業を受講する学生もいる中、たった数ヵ月間の授業で伝えられることは限られています。それでも、学生たちが書いているように、知らないよりは少しでも知っているほうが良いと思います。学生たちの中には教員を目指す者もいるわけですが、「子どもの日本語教育」について何の知識もないまま、JSL の子どもを担当することになれば、きっと戸惑うことも多いのではないかと思います。子どもの日本語教育について、少しでも専門的知識を持っていることで、子どもも大人も助けられる部分があると信じています。

　本書の企画を実現するにあたっては、各章をご担当いただいた先生方にお声をかけさせていただき、大変お忙しい中、執筆をご快諾いただきました。本書は初学者でも理解できるよう、できるだけ分かりやすく書かれています。正確なことを簡単に書く、というのは意外と難しいことだと思います。その点において、すべての章について第一線でご活躍されている専門家の先生方にご執筆いただけたことは、大変光栄に思っておりますし、この場を借りて各章の先生方に感謝の気持ちをお伝えしたいと思います。

　本書が、JSL の子どもたちに関わっている、あるいは将来関わる可能性のあるたくさんの読者のもとに届き、子どもたちへの指導や支援に少しでも役立つことを願っています。

西川朋美

索 引

A
ACTFL 49
ALP 51
AU 88

B
BICS 51, 111

C
CALP 51, 112
CBI 82
CF 51
CLD 児 23, 44, 177

D
DLA 45
DLS 51

I
ICT 75, 125

J
JSL カリキュラム 27, 66, 84
JSL の子ども 23
JSL バンドスケール 48
JSL 評価参照枠 54

O
OBC 49

T
TOAM 47

W
WIDA 123

Z
ZPD 52

い
イマージョン教育 139

う
受身 118

お
オノマトペ 155
音韻 135

か
外国人児童生徒のための JSL 対話型アセスメ
　ント DLA 45
外国につながる子ども 23
外国ルーツの子ども 23, 176
外来語 153
会話的言語力 112
会話の流暢度 (CF) 51
書きことば 88
学習言語 19, 110
学習言語能力 82
学習語 116
化石化 139
学校文法 157
漢語 115, 153
漢字圏学習者 149

き
教員免許 30
教科学習 66, 82, 111
教科学習言語能力 (ALP) 51, 112
教具 73
協働 82
共有基底言語能力モデル 131, 178

け
継承語 24, 173
形態・統語 136
言語資源 179
言語適性 134

こ
語彙 137
構造シラバス 65
国際教室 30
国籍法 28
語種 153
コミュニケーション重視 65
誤用 139

し
主教材 63
使用語彙 153
情報通信技術 (ICT) 75, 125
助数詞 156
シラバス 62

す
スキャフォールディング 82

196

執筆者紹介

編著者

西川朋美（にしかわ・ともみ）

第2章、第7章執筆。お茶の水女子大学大学院人間文化創成科学研究科准教授。ハワイ大学大学院修了、Ph. D. (Second Language Acquisition)。主著に『親と子をつなぐ継承語教育―日本・外国にルーツを持つ子ども―』（編著、くろしお出版、2019）、『日本で生まれ育つ外国人の子どもの日本語力の盲点―簡単な和語動詞での隠れたつまずき―』（共著、ひつじ書房、2018）など。

著者

窪津宏美（くぼつ・ひろみ）

第1章執筆。横浜市立市場小学校主幹教諭。東京学芸大学大学院連合学校教育学研究科修了、博士（教育学）。主著に「子どもの日本語教育施設における共生型指導の試み―指導者の教育観から読み取る―」『言語習得と日本語教育』第2号（2022）、「就学初期支援によるエンパワーメント―支援者と多文化背景家庭の意識に着目して―」『日本語教育』176号（2020）、「多文化背景の子どもへの就学初期支援―地域と公立学校の協働による効果―」『学校教育学研究論集』41号（2020）など。

櫻井千穂（さくらい・ちほ）

第3章執筆。大阪大学大学院人文学研究科准教授。大阪大学大学院修了、博士（言語文化学）。主著に『母語をなくさない日本語教育は可能か―定住二世児の二言語能力―』（共著、大阪大学出版会、2019）、『外国にルーツをもつ子どものバイリンガル読書力』（大阪大学出版会、2018）など。

池上摩希子（いけがみ・まきこ）

第4章執筆。早稲田大学大学院日本語教育研究科教授。お茶の水女子大学大学院修了、修士（日本言語文化学）。主著に「継承日本語学習児における二言語の作文力の発達過程―ドイツの補習校に通う独日国際児の事例から―」『日本語教育』172号（共著、2019）、『外国人児童生徒の学びを創る授業実践―「ことばと教科の力」を育む浜松の取り組み―』（編著、くろしお出版、2015）など。

齋藤ひろみ（さいとう・ひろみ）

第5章執筆。東京学芸大学教育学部日本語教育学分野教授。お茶の水女子大学大学院博士課程単位取得満期退学、修士（言語学）。主著に『外国人の子どもへの学習支援』（編著、金子書房、2022）、『異文化間教育事典』（編著、明石書店、2022）、『6ヵ国語のわくわく絵ずかん　学校のことば　アジア編／北アメリカ・ヨーロッパ編』（監修、ほるぷ社、2022）、『Q&Aでわかる外国につながる子どもの就学支援—「できること」から始める実践ガイド—』（共著、明石書店、2021）、『異文化間に学ぶ「ひと」の教育（異文化間教育学体系第1巻）』（編著、明石書店、2016）など。

バトラー後藤裕子（ばとらー　ごとう・ゆうこ）

第6章執筆。ペンシルバニア大学教育大学院教授。スタンフォード大学大学院修了、Ph. D.（教育心理学）。主著に『デジタルで変わる子どもたち—学習・言語能力の現在と未来—』（筑摩書房、2021）、『英語学習は早いほど良いのか』（岩波書店、2015）、『学習言語とは何か—教科学習に必要な言語能力—』（三省堂、2011）、『日本の小学校英語を考える—アジアの視点からの検証と提言—』（三省堂、2005）、『多言語社会の言語文化教育—英語を第二言語とする子どもへのアメリカ人教師たちの取り組み—』（くろしお出版、2003）など。

中石ゆうこ（なかいし・ゆうこ）

第8章執筆。県立広島大学大学教育実践センター・国際交流センター准教授。広島大学大学院修了、博士（教育学）。主著に『日本語の対のある自動詞・他動詞に関する第二言語習得研究』（日中言語文化出版社、2020）、『超基礎・日本語教育』（共著、くろしお出版、2019）、『ニーズを踏まえた語彙シラバス（現場に役立つ日本語教育研究2）』（共著、くろしお出版、2016）など。

高橋朋子（たかはし・ともこ）

第9章執筆。近畿大学グローバルエデュケーションセンター教授。大阪大学大学院修了、博士（言語文化学）。主著に『親と子をつなぐ継承語教育—日本・外国にルーツを持つ子ども—』（共著、くろしお出版、2019）、『多言語社会日本—その現状と課題—』（共著、三元社、2013）、『中国帰国者三世四世の学校エスノグラフィー—母語教育から継承語教育へ—』（生活書院、2009）など。

外国につながる子どもの日本語教育

―――――――――――――――――――――

2022 年 11 月 30 日　　初版第 1 刷発行

編　者　　西川朋美

発行人　　岡野秀夫

発行所　　株式会社くろしお出版

　　　　　〒102-0084　東京都千代田区二番町 4-3
　　　　　TEL：03-6261-2867　FAX：03-6261-2879
　　　　　URL：www.9640.jp　e-mail：kurosio@9640.jp

本文デザイン　　仲川里美（藤原印刷株式会社）

装丁デザイン　　仁井谷伴子

印刷所　　藤原印刷株式会社